*Das Buch*

Auf Onlineportalen wie Amazon, Tripadvisor, Yelp und anderen kann man nicht nur prima shoppen und sich über Produkte und Angebote informieren, man kann sie auch bewerten. Das Schöne dabei: Immer wieder finden sich unter den Rezensionen wahre Perlen der Komik. Ein Rezensent des Films »König der Löwen« behauptet, singende und sprechende Tiere seien unrealistisch und vergibt als Prädikat die »Note: unrealistisch«. Und Shakespeares Klassiker »Macbeth« fällt bei einer Leserin durch, weil es »ziemlich uninteressant« sei. Es gehe um einen Kriegshelden namens Macbeth, der von irgendwelchen bösen Hexenmächten beeinflusst wird. Kreativ, witzig, fies, völlig verrückt: Unter den Rezensionen bei Amazon und Co. verbergen sich echte sprachliche Schätze. Jörg Breithut hat für dieses Buch die lustigsten und skurrilsten Bewertungen gesammelt, die Nutzer im Netz hinterlassen haben.

*Der Autor*

Jörg Breithut arbeitet als freier Journalist in Stuttgart und schreibt über IT- und Netzthemen, unter anderem für die Online-Redaktion der *Stuttgarter Zeitung* und die Netzwelt bei *Spiegel Online*. Als Trainer gibt er zudem seine Erfahrungen in Seminaren weiter.

JÖRG BREITHUT

# »NACH DEM PFEFFER-SPRAY WAR DAS STEAK UNGENIEßBAR!«

★☆☆☆☆

**Die lustigsten Produktbewertungen aus dem Internet**

Ullstein

Besuchen Sie uns im Internet:
www.ullstein-taschenbuch.de

MIX
Papier aus verantwortungsvollen Quellen
FSC® C083411
FSC www.fsc.org

Originalausgabe im Ullstein Taschenbuch
1. Auflage November 2017

Umschlaggestaltung: zero-media.net, München
Titelabbildung: © FinePic®, München
Illustrationen: Luca Pfitzenmeier
Satz: KompetenzCenter, Mönchengladbach
Druck und Bindearbeiten: CPI books GmbH, Leck
Gesetzt aus der Adobe Garamond Pro
Printed in Germany
ISBN 978-3-548-37717-9

# Inhalt

# Vorwort

Kann ein Grill die Ehe zerstören? Kann ein Bananenschneider die Beziehung retten? Und warum sollten Hühner immer eine Warnweste tragen? Ja, das sind ziemlich absurde Fragen. Doch es gibt Antworten darauf, mit denen wir uns auf den folgenden Seiten beschäftigen werden. Denn auf großen Internetplattformen wie dem Versandhaus Amazon und Reiseportalen wie Tripadvisor und Yelp tobt ein Wettbewerb der Bewertungspoeten. Das Ziel: Die witzigsten Kommentare verfassen – auch wenn man keinen blassen Schimmer von den Produkten hat, die man bewertet.

Klar, eigentlich sollte in Online-Bewertungen stehen, ob eine Waschmaschine leicht zu bedienen ist, ob das Ladekabel bereits nach ein paar Wochen abknickt oder ob eine Armee von Bettwanzen die Hotelbetten bevölkert. Die klassische Regel lautet: Qualität wird mit fünf Sternen ausgezeichnet, bei Fehlproduktionen hagelt es Ein-Stern-Bewertungen. Doch bei den lustigen Kommentaren geht es keineswegs um Hilfe bei der Kaufentscheidung. Es geht um Unterhaltung.

Anstatt sich über die Klingenschärfe zu unterhalten, beklagen sich die Nutzer darüber, dass die eingebaute

Dunstabzugshaube im Taschenmesser viel zu klein ausgefallen ist und gar nicht ausreicht für die zwölf Pizzaöfen, die sich ebenfalls ausklappen lassen. Oder sie freuen sich darüber, dass sie mit der Zensurbalken-Brille endlich unerkannt aus dem vergeigten Bewerbungsgespräch flüchten können.

In diesem Buch gehen wir einem der unterhaltsamsten Netztrends auf den Grund und erfahren, warum sich einige Nutzer das Ziel gesetzt haben, lustige Geschichten über Taschenmesser, Fernsehkabel und Badestrände zu verfassen. Um zu ergründen, warum die spöttische Satire so viel Spaß macht, haben wir mit verschiedenen Spaßkommentatoren gesprochen. Außerdem haben wir die Hersteller gefragt, was sie von den schrägen Beiträgen über ihre Produkte halten.

Mittlerweile kann man bei den witzigen Online-Bewertungen schon gar nicht mehr von einem vorübergehenden Trend sprechen. Spaßkommentare bei Amazon und Co. haben fast schon eine Tradition. Humorvolle Bewertungen sind ein Sport, den es schon seit vielen Jahren im Netz zu bewundern gibt. Dabei hilft, dass die Kunden das Produkt für einen Gag noch nicht einmal gekauft haben müssen. Fünf Kommentare pro Woche darf jeder Amazon-Kunde abgeben, auch wenn er den Artikel nicht bestellt hat.

Und es gibt auch eine Motivation für diese Spaßbeiträge: Was für Facebook-Nutzer der »Gefällt mir«-Button ist, ist bei Amazon die »Hilfreiche Bewertung«. Der Knopf ist eigentlich dafür gedacht, dass nützliche Bewertungen nach oben wandern und an der Spitze der Top-Kommentare landen.

Bei Spaßrezensionen bedeutet »hilfreich« etwas anderes. Es soll heißen: Der Kommentar hat mir zwar überhaupt nicht weitergeholfen, aber er war verdammt witzig. Und so passiert es häufig, dass oben in den Top-Kommentaren kein ausführlicher Testbericht steht, sondern ein gelungener Scherz mit knackiger Pointe.

Meist liegt es an den Produkten selbst, dass eine Welle der Quatsch-Bewertungen über die Kommentarspalten hinwegrauscht. Unfassbar teuer, völlig nutzlos oder komplett verrückt: Wenn lebensgroße Plastiknashörner oder Uranerz aus der Dose angeboten werden, dann lassen die Spaßkommentare nicht lange auf sich warten. Die Nashornpuppe erwacht dann zum Leben und schützt den Garten vor der gierigen Giraffe des Nachbarn. Und das Uranerz aus dem Online-Sortiment verwandelt Schildkröten aus dem Terrarium in Ninja-Turtles und verleiht den Käufern mächtige Superkräfte.

Doch ganz so absehbar läuft es nicht immer. Manchmal schlagen Produktpoeten ganz überraschend zu und nehmen alltägliche Gegenstände aufs Korn. Dann wird die Enthaarungscreme zu einem toxischen Gel, das Löcher in den Teppichboden ätzt und Hühnchen schneller grillt als ein Backofen. Eine teure Uhr eignet sich in der Phantasie der Nutzer dann auch für einen schnellen Tauchgang durch flüssige Lava. Oder eine Affäre mit einem Holzkohlegrill entwickelt sich zu einer tragischen Liebesgeschichte.

In den Tiefen der Onlineplattformen verbergen sich etliche dieser lustigen Beiträge und lassen sich oft nur mit viel Mühe entdecken. Unser Ziel war es, die Kreativität der Spaßrezensenten mit diesem Buch zu würdigen. Wir haben die Kommentarspalten durchwühlt und die besten Bewertungen aus den Tiefen der Onlineportale gefischt. Denn schließlich sollen sich an der Rezensionskunst nicht nur Internet-Nerds wie ich erfreuen, die sich auf der Suche nach verborgenen Scherz-Schätzen gerne durch massenweise Online-Kommentare klicken. Daher habe ich einen Klickmarathon hinter mich gebracht und rund 15.000 Bewertungen durchstöbert, durchgelesen und durchgesiebt. Die grandiosesten Fundstücke präsentiert dieses Buch.

Die zitierten Bewertungen zeigen jedoch nur einen kleinen Ausschnitt aus der Welt der Spaßkommentare. Neben pointierten Sprüchen finden sich auf Onlineportalen noch zahlreiche andere Beiträge, die häufig auch epische Länge erreichen. Die Nutzer schreiben ausführliche Erfahrungsberichte über ihren befreienden Toilettengang mit einem Plastikhocker, schreiben Gedichte über extrem teure Armbanduhren und erzählen von Ausflügen mit ihren Hühnern, die Warnwesten tragen. Wer also nach diesem Buch nicht genug bekommen kann von lustigen Rezensionen, der entdeckt bei Amazon und Co. noch viel mehr davon. Das hier ist lediglich ein Einstieg in die fabelhafte Welt der Spaßkommentare.

Ach ja, noch ein Hinweis: Bitte nehmen Sie die Bewertungen der Nutzer nicht allzu ernst. Die meisten Beiträge triefen vor Ironie und Sarkasmus. Wir sind uns ziemlich sicher, dass sich das lebensgroße Plastiknashorn nicht um den Abwasch kümmert, im Wenger-Taschenmesser kein Ingenieur wohnt und der Ufo-Detektor nicht bei Justin Bieber ausschlägt. Außerdem sollte man ernsthaft daran zweifeln, dass ein T-Shirt mit drei Wölfen und einem Mond als Aufdruck den Besitzer wirklich in die Lage versetzt, es mit Chuck Norris aufzunehmen. Aber das haben Sie vermutlich selbst schon geahnt.

Viel Spaß beim Lesen!

## Hinweis an die Leser

Ich habe die Rechtschreib-, Grammatik- und Zeichensetzungsfehler in den Kommentaren in der Regel korrigiert – es sei denn, sie machen den Witz aus. Beiträge aus Onlineportalen in den USA und Großbritannien habe ich ins Deutsche übersetzt. Die Bewertungen, auf die ich in diesem Buch verweise, können alle öffentlich im Internet aufgerufen werden. Daher gebe ich bei allen zitierten Kommentaren den Namen des Autors und einen Link an, unter dem Sie den Online-Kommentar in voller Länge lesen können.

Da sich Angebote im Netz ständig ändern, kann es sein, dass einige Produkte aus diesem Buch nicht mehr verfügbar sind oder die Preise stark von den hier gemachten Angaben abweichen. Auch die Bewertungen können sich in der Zwischenzeit verändert haben. Daher sind alle Angaben in diesem Buch ohne Gewähr.

# »Ich wohne seit sechs Monaten in dem Messer«: Alles für den Alltag

Zugegeben, es ist eigentlich eine Frechheit, das Offiziersmesser Wenger Giant in die Kategorie Alltag zu verfrachten. Denn bei diesem legendären Schweizer Werkzeug handelt es sich um weit mehr als nur ein gewöhnliches Taschenmesser. Das Wenger Giant ist auf der deutschen Amazon-Website wohl das berühmteste Spaßbewertungs-Produkt. Rund 1000 Bewertungen haben sich unter dem Werkzeug bereits versammelt. Glaubt man den Kommentaren, dann wohnen die Nutzer in dem Messer, reißen Häuser damit ein und betreiben Zeitmaschinen damit. Wir zeigen einen Ausschnitt aus dem Bewertungswahnsinn – und haben den Hersteller gefragt, was er davon hält, dass sich alle über das Messer lustig machen.

Auch bei einem Abstelltisch fürs Auto-Lenkrad kommt es nicht überraschend, dass die Nutzer mit spöttischen Phantasiebewertungen ihre Erlebnisse im Straßenverkehr schildern. Ganz im Stil des Kurzfilms über Gabelstaplerfahrer Klaus warnen die Kunden mit brutalen Beschreibungen vor der falschen Anwendung des Klapptischs.

Bei anderen Alltagsprodukten kommen die Spaßbewertungen wirklich unerwartet. Wie bei einem Gasgrill, dem der Blogger Christian Brandes wohl einen der emotionalsten Kommentare aller Zeiten spendiert hat. Seine Lobeshymne auf den Gartengrill handelt von Würsten, Wut und Wahnvorstellungen – und einer unerfüllten Liebe. Guter Stoff, um sogar einen Film darüber zu drehen.

## Wheelmate – Der Laptop-Tisch fürs Lenkrad

Wie leicht lässt sich Blut abwischen? Wie viele Nutzer sterben im Schnitt? Wer hinterlegt die Kaution, wenn man verhaftet wird? Die Nutzer zeigen sich sichtlich besorgt in den Bewertungen zum Wheelmate, einem Abstelltisch fürs Lenkrad. In drei verschiedenen Farben bietet der Hersteller das Produkt für etwa 22 Euro an. Der Tisch ist dafür gedacht, dass Autofahrer sich die Plastikplatte auf einem Rastplatz ans Lenkrad klemmen, um ihr Essen abzustellen oder um schnell eine E-Mail am Laptop zu beantworten.

Natürlich ist die Ablage nicht dafür gedacht, dass man sie beim Fahren benutzt. Daher muss der Käufer auch zunächst das Lenkrad um 180 Grad drehen, damit der Tisch sich überhaupt montieren lässt. Aber Sie können sich denken, was passiert, wenn man den Nutzern solch eine Steilvorlage bietet.

Die Kommentatoren malen sich aus, wie eine Autofahrt mit Klapptisch am Lenkrad aussehen könnte. Baby stillen, Essen vorbereiten und Cocktails mixen auf dem

Weg in die nächste Bar: In mehr als 1200 Bewertungen lassen die Amazon-Kunden ihrer Kreativität freien Lauf und fabulieren darüber, wie Autofahren auf langen Strecken und vollgestopften Straßen endlich wieder Spaß machen könnte.

★★★★★

»Es ist so viel einfacher geworden, die Angstschreie und das nervige Hupen zu ignorieren, wenn man Facebook checken kann beim Fahren.«

George Takei, Amazon.com[1]

★★★★★

»Ihr werdet nicht glauben, wie viel interessanter das Pendeln geworden ist, seit ich was anderes machen kann, als ständig aus dem Fenster zu starren! Ich benutze es gerade, um diese Rezension zu veröffentlichen …«

Michael McCollough, Amazon.com[2]

An dieser Stelle bricht der Kommentar plötzlich ab. Wollen wir hoffen, dass der Nutzer nicht der Typ ist, der gerade direkt hinter uns …

Doch nicht nur für Laptops eignet sich die Lenkrad-Konstruktion. Ein anderer Kunde bezeichnet die Ablage als wahren Lebensretter. Ohne dieses Produkt wäre es ihm kaum möglich, seinem Hobby auf der Autobahn zu frönen:

★★★★★

»Ich kann mein Notenblatt am Lenkrad abstützen, daher kann ich nun mit beiden Händen auf der Gitarre spielen beim Fahren.«

Brent, Amazon.com[3]

Die Berufspendler aus der Kommentarspalte verbringen ihre Zeit hingegen nicht mit Hobbys hinter dem Steuer. Sie setzen den Wheelmate für ihren Job ein:

★★★★★

»Als Bauunternehmer bin ich immer unterwegs. Dank dieses fantastischen Produkts kann ich nun auf dem Weg zur Baustelle schon mal Holz sägen.«

Charles C. Hamm, Amazon.com[4]

Wer ständig genervt ist von anderen Autofahrern, die gegen die Regeln verstoßen, sieht den Spaß eher darin, die anderen Verkehrsteilnehmer zu verpfeifen:

★★★★☆

»Ich liebe es, beim Fahren der Autobahnpolizei per E-Mail die Nummernschilder aller Fahrer zu schicken, die am Steuer mit dem Handy telefonieren.«

Min Byong Chang, Amazon.com[5]

Eltern dürften beim folgenden Kommentar zusammenzucken. Sind ihre Kinder in dieser Welt da draußen wirklich sicher, wenn Produkte wie die Laptop-Ablage bei Amazon verkauft werden?

★★★★★

»Als Fahrer eines Schulbusses konnte ich bei der Arbeit nie meine E-Mails checken und Facebook aktualisieren. Jetzt netzwerke ich mehr als je zuvor!«

Chris Coffman, Amazon.com[6]

Manche Väter machen sich weniger Sorgen und setzen voll auf den Wheelmate. Wie ein Rezensent, dessen 16-jährige Tochter jüngst den Führerschein gemacht und daher weniger Zeit für die Schule hat. Seine Lösung: Sie soll ihre Zeit auf der Straße sinnvoll nutzen und gefälligst weiterlernen.

★★★★★

»Nun kann sie an ihren Hausaufgaben arbeiten und währenddessen weiterfahren, um ihre Erfahrung auf der Straße zu verbessern und trotzdem gute Noten zu schreiben.«

K. Ernst, Amazon.com[7]

Aber es läuft nicht immer so gut mit der Lenkrad-Ablage. Manche Nutzer sind enttäuscht, dass sie den Wheelmate nicht wirklich gebrauchen können:

★☆☆☆☆

»Ich habe versucht, meine Honda Shadow Aero damit auszurüsten, aber es funktioniert absolut nicht (…). Jedes Mal, wenn ich mich in die Kurve lege, rutscht mein Buch runter.«

K. Healy, Amazon.com[8]

★☆☆☆☆

»Nicht kompatibel mit Mac, funktioniert offenbar nur mit Windows-Rechnern.«

I don't expect that much, Amazon.com[9]

★★★☆☆

»Bei einigen Unfällen (...) hat der Airbag meinen Bildschirm zugeschlagen.«

Jamie O'Shaughnessy, Amazon.com[10]

★★☆☆☆

»Vor allem habe ich mich darauf gefreut, meine Wangen beim Fahren darauf abzulegen, habe aber herausgefunden, dass das leichte Plastik viel zu flexibel ist, daher bin ich abgerutscht und aus meinem Mittagsschlaf erwacht.«

DickDastardly, Amazon.com[11]

Es ist offenbar auch ein bisschen eng auf der Ablagefläche. Das wird kritisiert. Denn manche Kunden mögen eben keine Laptops – und wünschen sich, ihren Desktop-PC bei der Fahrt benutzen zu können:

★☆☆☆☆

»Ich glaube, dieses Produkt eignet sich für Laptop-Nutzer und als Baby-Wickeltisch, aber der Hersteller muss auch eine Version dieses Lenkrad-Tischs für uns altmodische Jungs bauen.«

tbmbuzz, Amazon.com[12]

## Veet-Enthaarungsgel für Männer

Gleich im ersten Satz der Packungsbeilage steht in Großbuchstaben die Warnung: »GEEIGNET FÜR RÜCKEN, BRUST, ARME, BEINE UND ACHSELHÖHLEN. NICHT GEEIGNET FÜR ANDERE KÖRPERTEILE.« Wer sich also mit der Haarentfernungs-Gelcreme von Veet behandeln möchte, der sollte auf diesen Hinweis achten. In der Nähe von Schleimhäuten oder empfindlicher Haut kann es sonst unangenehm werden, wenn man das Gel aufträgt. Aber genau darüber schreiben die Nutzer am liebsten.

Wie schmerzhaft es sein kann, wenn man den Beipackzettel missachtet, das diskutieren die Nutzer auf der US-Seite von Amazon in aller Ausführlichkeit. Mehr als 1000 Kommentare wurden über die Creme verfasst. In der Regel handelt es sich bei den Beiträgen um lyrische Ausschweifungen über schreckliche Schmerzen.

Richtig lustig wird es ja schließlich erst dann, wenn man nicht die Brusthaare damit entfernt – sondern sich ausmalt, was passieren könnte, wenn man verbotene Zonen mit dem Gel bestreicht. Laut den Bewertungen ist die Anwendung dann sogar schmerzhafter als eine Geburt:

★★★☆☆

»Stellt euch vor, ihr stecht euch eine rostige Rasierklinge in euer Lieblingsauge, bevor ihr euch die Hände hinter dem Rücken zusammenbindet.«

The Cantankerous Tiger, Amazon.com[13]

★★★★★

»Jetzt – und nur jetzt – kann ich die Vergleiche mit Napalm, heißem Magma und Atommüll völlig nachvollziehen.«

Broken Man, Amazon.com[14]

★★★★★

»Das Brennen setzte sehr schnell ein. (…) Ich sehe aus, als hätte ich zu lange auf der Sonnenbank gelegen, und die Leute fragen mich ständig, warum ich weine.«

Matt Guy, Amazon.com[15]

Und wie soll es anders sein: Auch wenn der Genitalbereich nicht mit dem Gel behandelt werden darf, freuen sich die Rezensenten am meisten darüber, über vermeintliche Erfahrungen mit einem enthaarten Intimbereich zu berichten.

★★★★★

»An deren Stelle hängt nun ein kastanienbrauner Beutel der Qualen, der jedes Mal stechende Schmerzen an meinen Körper sendet, sobald er an meinem Oberschenkel oder einem Kleidungsstück entlangschürft.«

Andrew, Amazon.com[16]

★★★★★

»Zusammenfassend kann ich sagen, Veet entfernt Haare, Würde und Selbstachtung …«

John W. Osborne Jr, Amazon.com[17]

Wer seine Schmerzen beschreibt, der benutzt meist die Ausrede, dass man die Vorredner als zu sensibel eingestuft, die Warnungen nicht ernst genommen oder gar nicht erst gelesen habe. Bei jeder Bewertung legen die Kunden noch einmal eine Schippe drauf. Aus dem eigentlich recht harmlosen Gel wird zunehmend die »Enthaarungscreme aus der Hölle«. Zerlöcherte Klamotten, aufgelöste Teppiche und enthaarte Hamster: Die Zerstörungskraft wird auf die Spitze getrieben.

Doch ganz so schlimm ist es dann doch nicht. Wenn man die Creme richtig benutzt, dann hat sie laut den Nutzern auch viele Vorteile:

★★★★★

»Gutes Produkt. Meine Fürze klingen lauter.«

Dennis, Amazon.com[18]

★★★★★

»Als netten Nebeneffekt habe ich auch den riesigen Haarballen-Klumpen entfernt, der seit einiger Zeit den Abfluss blockiert.«

Big Hairy Bear, Amazon.com[19]

Warum sollte man diese Creme auch nur dafür verwenden, sich die Haare vom Körper zu entfernen? Bei so einem überzeugenden Ergebnis kommen die Nutzer natürlich noch auf ganz andere Ideen – und reinigen etwa ihre Pinsel mit der Creme, nachdem sie die Wände gestrichen haben:

★★★★★

»Zusammenfassend kann man sagen, dass die Farbe komplett entfernt wurde … genau wie die Borsten, die Metallbeschläge und fast die kompletten Holzgriffe.«

Third Degree Burns, Amazon.com[20]

Ein Nutzer schwärmt sogar davon, dass gefrorene Hühnchen mit der Creme-Behandlung schneller gar werden als in der Mikrowelle und selbst Öl auf der Auffahrt damit rasch entfernt werden kann. Doch es gibt natürlich auch Risiken:

★★★★★

»Sie wird alles schmelzen oder in Brand setzen, das mit ihr in Kontakt kommt. Wenn ihr plant, einmal eine Familie zu gründen, dann vergesst es.«

deaks, Amazon.com[21]

## BIC-Kugelschreiber für Frauen

Mit diesem Produkt hat sich die französische BIC Group keine Freunde gemacht bei Amazon. Als einer der größten Hersteller für Kugelschreiber und Feuerzeuge hat das Unternehmen die Satiriker mit dem »Kugelschreiber für sie« gegen sich aufgebracht. Der Kuli-Zehnerpack für Frauen ist ganz in Pink gehalten und mit Blümchenmustern verziert. Das ist ein gefundenes Fressen für die Rezensenten. Sie begegnen dem Hersteller nicht mit Zorn, sondern mit lustigen Sprüchen, die deutlich machen, wie sexistisch das Design und die Produktbezeichnung der Kugelschreiber sind.

Ein Nutzer etwa beklagt sich subtil über die Stifte, indem er radikal Männerklischees auspackt. Er müsse seine Hände erst umgewöhnen, schreibt er. Schließlich seien die muskulösen Finger bisher nur Felsenklettern und Ringkämpfe mit Haien gewohnt. Und die Farbe seiner Kugelschreiber sei bisher auch eher schwarz gewesen, so wie seine Brusthaare und die Lackierung seines Sportwagens. Das Schreiben mit dem Frauenstift falle ihm schwer.

★☆☆☆☆

»Wirklich besorgniserregend sind jedoch die Punkte über dem ›i‹, die sich in Herzen verwandelt haben, und ich habe mich dabei ertappt, wie ich die Unterschrift mit einem lachenden Smiley und Küsschen abgeschlossen habe.«

Mr. J. Stevens, Amazon.co.uk[22]

Mit viel Ironie glorifizieren einige Nutzer den Stift zum Retter der gesamten Weiblichkeit:

★★★★★

»Dieser Kugelschreiber ist großartig. Ich habe ihn für alle meine Freundinnen und weiblichen Verwandten gekauft. Damit können sie endlich Dinge aufschreiben.«

jonny, Amazon.co.uk[23]

Werden diese Stifte dafür sorgen, dass Frauen in allen Bereichen gleichberechtigt werden? Die Männer sind besorgt:

★★☆☆☆

»Verstehen die nicht, was sie damit angerichtet haben? Nun werden überall Frauen planlos herumrennen und Dinge mit Kulis aufschreiben.«

Sterling Archer, Amazon.co.uk[24]

Manchen Machos bleibt in diesem Fall doch nichts anderes übrig, als ihrer Frau den Kugelschreiber zu verbieten. Schließlich könnte das üble Folgen für die Beziehung haben. Die Ehefrauen reagieren mit Ironie:

★☆☆☆☆

»Ich könnte anfangen zu schreiben, was mich abhalten würde von meinen Pflichten als Frau wie Kochen, Putzen und Kindererziehen.«

Sparklepony, Amazon.co.uk[25]

★☆☆☆☆

»Mein Ehemann hat mir nie erlaubt zu schreiben, weil er nicht will, dass ich Männer-Kulis berühre. Als ich dieses Produkt gesehen habe, entschied ich mich aber für den Kauf (von meinem Taschengeld) …«

A keen skier, Amazon.co.uk[26]

Können Frauen nicht ganz klassische Kulis benutzen? Müssen sie pinkfarbene Stifte kaufen, um sich als Frauen zu fühlen? Die Kommentare lesen sich, als kämen sie direkt aus dem Mittelalter:

★★★★☆

»Damals verstand ich nicht, warum ich einen Holzlöffel und eine Nähnadel benutzen, aber meinen schwarzen Stift nicht länger als 45 Sekunden in der Hand halten konnte, ohne ihn auf den Boden fallen zu lassen und zu weinen.«

M. Holloway, Amazon.co.uk[27]

★★★☆☆

»Gott sei Dank hat nach Jahren endlich jemand gemerkt, dass Frauen sich damit abmühen, Kulis zu benutzen. Was bringt das Wahlrecht, wenn gewöhnliche Kugelschreiber viel zu unbequem und regelrecht zu schwer sind, um sie mit unseren klitzekleinen Porzellanhänden zu greifen?«

PurpleProse, Amazon.co.uk[28]

Mehr Ironie geht kaum. Oder vielleicht doch?

★★★★★

»Vielleicht bringt BIC auch noch eine neue Serie mit pinkfarbenen (oder lilafarbenen) Schraubenschlüsseln, Schraubenziehern, Bohrmaschinen und Winkelschleifern für Frauen auf den Markt, damit ich meinen Job als Fahrradmechanikerin ausüben kann, ohne mich zu blamieren.«

Butch McCassidy, Amazon.co.uk[29]

Doch die Stifte für Frauen haben einen Haken. Denn einfach loslegen und Texte schreiben, das wäre viel zu einfach. Dafür fehlt ein Accessoire im Sortiment der sexistischen Büromaterialien:

★☆☆☆☆

»Ich verstehe dieses Produkt nicht. Wie soll man diese Dinger ohne Papier benutzen, das für Mädchen gemacht ist? Alles, was ich der Wohnung finden konnte, ist Papier für Männer.«

Hot Commodity, Amazon.co.uk[30]

## Misono-Küchenmesser

Das Misono UX10 sieht aus wie ein ganz gewöhnliches Küchenmesser. Der Eindruck ändert sich aber ganz schnell, wenn man sich die Bewertungen durchliest. Das Päckchen mit dem Messer kommt demnach offenbar nur selten bei Kunden an – weil es sich ständig selbst durch die Verpackung schneidet. Paketboten bitten Kunden in den Bewertungen darum, sich dieses Messer nicht zu bestellen. Selbst ein ausgedrucktes Foto des Messers soll scharf genug sein, um damit Atome zu spalten.

Das Küchenmesser ist nicht ganz billig, es kostet immerhin rund 120 Euro. Der Stahl kommt aus Schweden, geschmiedet wird die Klinge in Japan. Das ist den Nutzern aber völlig egal. Sie unterhalten sich lieber darüber, was man mit dem Messer alles zerteilen kann.

★★★★★

»Seitdem ich das Messer besitze, kann ich sogar ›st‹ trennen. Die neue deutsche Rechtschreibung muss dank dieses Messers neu überdacht werden.«

Rene Herrmann, Amazon.de[31]

★★★★★

»Ich habe auf meinem Handy einen Screenshot von dieser Produktseite gespeichert. Dies reicht bei weitem, um alle möglichen Arten von Fleisch und Gemüse zu schneiden.«

Ragesh Nair, Amazon.de[32]

Natürlich dürfen auch ein paar Wortspiele nicht fehlen, wenn es schon um Schärfe geht:

★★★★★

»Das Messer ist so scharf, wenn ich es neben meinen 20 Jahre alten Fernseher lege, wird alles in Full HD gezeigt :)«

Alexandra Waßermann, Amazon.de[33]

★★★★★

»Alles, was man damit zubereitet, ist so scharf, dass man es nicht mehr essen kann.«

Amazon Kunde, Amazon.de[34]

Und man kann es sogar von der Steuer absetzen, wenn man es wie dieser Nutzer für den Job braucht:

★★★★★

»Ich verwende es beruflich. Ich kürze damit die Lichtschwerter für die nächsten drei ›Star Wars‹-Filme auf 1,5 Meter.«

Cpt.AreA, Amazon.de[35]

Haben sich die Hersteller etwa an den Waffen aus dem Fantasy-Epos »Der Herr der Ringe« orientiert?

★★★★★

»Dieses Messer hat mir und meiner Familie schon oftmals das Leben gerettet, da es blau aufleuchtet, wenn Orks in der Nähe sind :)«

Frank Martin, Amazon.de[36]

Doch Vorsicht: Die Berichte über eine unsachgemäße Anwendung lesen sich durchaus düster. Wer nicht richtig mit dem Messer umgehen kann, der muss offenbar mit schwerwiegenden Folgen rechnen:

★★★☆☆

»Das Messer ist wirklich große Klasse, aber zwei Sterne Abzug, da es beim Versuch, ein Stück Fleisch zu zerschneiden, eine Lücke im Universum verursacht hat und in meiner Küche jetzt ein schwarzes Loch ist.«

Maurice Bailey, Amazon.de[37]

Dazu muss man das Messer noch nicht einmal besitzen. Die scharfe Klinge entfaltet ihre Wirkung auch aus der Ferne:

★★★★☆

»Leider nur vier Sterne. Kann das Messer nicht bestellen, da ich leider schon bei Annäherung an den Bestell-Button alle Finger verloren habe.«

M. Michaelis, Amazon.de[38]

## Wenger Giant – das Riesentaschenmesser

Dieses Taschenmesser ist eine Legende. Dabei ist das Wenger Schweizer Offiziersmesser Giant nicht einmal als Taschenmesser geeignet, da es in keine Hosentasche passt. Es ist einfach viel zu groß dafür. Das Monstermesser ist

24 Zentimeter breit, wiegt 1,4 Kilogramm und ist mit einer Hand kaum zu bedienen. Aber dafür hat das Sammlerstück zahlreiche Werkzeuge an Bord. Insgesamt lassen sich von der klassischen Klinge bis zum Laserpointer 87 Werkzeuge ausklappen, die zusammen 141 Funktionen erledigen.

Obwohl der Schweizer Hersteller Wenger mittlerweile vom Konkurrenten Victorinox aufgekauft worden ist und das Messer nicht mehr bei Amazon angeboten wird, kommentieren die Kunden das Riesenmesser immer noch munter weiter. Es bleibt natürlich nicht bei Diskussionen darüber, wie gut sich die eingebaute Nagelfeile und die Zange im Alltag bewähren. Die Messer-Fans erfinden stattdessen neue Funktionen und fabulieren über ihre Abenteuer mit den spektakulären Werkzeugen.

Kunden empfehlen die ausklappbare Dönerbude und das Fußballstadion. Die Nutzer schwärmen davon, dass das Taschenmesser selbst Kryptonit zerteilt, Brote backt und Sinfonien komponiert. Auch das Bernsteinzimmer soll sich irgendwo zwischen Ausklappsäge und Schraubenzieher befinden. Dieses Messer für einen Preis von rund 1000 Euro ist offenbar eine Allzweckwaffe für jede Gelegenheit.

★★★☆☆

»Hilfreich ist die integrierte Tiefgarage mit 512 Stellplätzen.«

Thomas Joos, Amazon.de[39]

★★★★★

»Der mitgelieferte Teilchenbeschleuniger läuft prinzipiell ruhig und zuverlässig.«

Cap'n Crunch, Amazon.de[40]

Zwischen Lupe und Laubsäge finden sich immer wieder interessante Tools, die das Leben einfacher machen sollen. Doch von der Qualität sind die Nutzer nicht in jedem Fall begeistert:

★★★★☆

»Der Pizza-Steinofen ist recht solide gemacht, nur der Dunstabzug hätte bei bis zu zwölf Pizzen gleichzeitig etwas großzügiger ausfallen können.«

Günther Hetzer, Amazon.de[41]

★★★★☆

»Die integrierte Kirchenorgel ist zwar von bescheidenem Umfang, aber durchaus klangstark.«

admiral, Amazon.de[42]

Auch für Häuslebauer ist was dabei. Mit den Werkzeugen aus dem Riesenmesser lässt sich der Traum vom Eigenheim ganz einfach verwirklichen:

★★★★☆

»Der leichtgängige Betonmischer war ein Traum.«

Der Heimwerkerkönig, Amazon.de[43]

★★★★★

»Ich (...) wohne nun in dem Wenger mit meiner achtköpfigen Familie.«

Björn Kreye, Amazon.de[44]

Wer gerne verreist, findet im Wenger Offiziersmesser auch Funktionen, die den Weg ins Büro erleichtern und selbst bei Fernreisen nützlich sein können:

★★★★☆

»Jetzt fliege ich täglich mit dem Messer zur Arbeit. Es ist einfach günstiger, als das Auto zu benutzen.«

C. Eberz, Amazon.de[45]

★★★★★

»Bin gestern mit dem Giant vom Mond zurückgekommen.«

Tobias Römer, Amazon.de[46]

★★★★★

»Ich habe mir das Messer letzte Woche gekauft, bin mit der eingebauten Zeitmaschine ins Jahr 1989 gereist und habe es mir selbst geschenkt.«

Daniel Werkle, Amazon.de[47]

Wer ein bisschen mit den Werkzeugen herumprobiert, der stößt auch hin und wieder auf neue Freunde:

★★★★★

»(...) zwischen den Funktionen #721 (Abrissbirne) und #722 (Skisprungschanze) zufällig einen Schweizer Ingenieur gefunden.«

Wario, Amazon.de[48]

★★★★★

»Was mich besonders an dem Ding gefreut hat, war das kleine U-Boot. Das hat mir schon in mancher Situation geholfen, irgendwelchen Agenten in letzter Sekunde durch eine Kloschüssel zu entkommen.«

Enysialo, Amazon.de[49]

Doch selbst bei der Amazon-Legende gibt es einige Makel. Und zwar nicht nur die schockierende Tatsache, dass der Zahnstocher fehlt.

★★★☆☆

»Die eingebaute Cheops-Pyramide beispielsweise ist gut sieben Meter größer als das Original.«

Andreas D., Amazon.de[50]

★☆☆☆☆

»Für leichtere Tätigkeiten wie den Zusammenbau von Kernreaktoren, die Abwehr von Luft-Boden-Raketen oder das Kommunizieren mit Verstorbenen ist das Riesenoffiziersmesser vielleicht geeignet, aber danach hört es auch schon auf.«

Doktor von Pain, Amazon.de[51]

★★★★☆

»Auf das Chemielabor im hinteren Drittel des Messers wird in der Anleitung nicht ausführlich genug eingegangen.«

Dennis Murczak, Amazon.de[52]

Die Nutzerin Imelda Marcos ist generell ganz zufrieden mit dem Messer, lobt den Fluxkompensator, den Teleporter und die umfangreiche Bibliothek. Aber auch sie findet einen kleinen Haken:

★★☆☆☆

»Der begehbare Kleiderschrank ist viel zu klein.«

Imelda Marcos, Amazon.de[53]

Über manche Kritik kann man sich aber nur wundern. Das sind ganz normale Widrigkeiten des Alltags, die längst nicht nur beim Wenger Offiziersmesser vorkommen:

★★★★★

»Die eingebaute S-Bahn kommt immer mal wieder zu spät, aber was soll's.«

kraytcrawler.com, Amazon.de[54]

★☆☆☆☆

»Windows 98 läuft nicht mehr darauf.«

Valentina, Amazon.de[55]

Doch es kann auch richtig übel werden bei unsachgemäßer Anwendung. Dann machen die Guerilla-Kämpfer im ausziehbaren Dschungel plötzlich Ärger, und die Mini-Armee rückt aus.

★★★☆☆

»Mittlerweile herrschen in meinem Taschenmesser bürgerkriegsähnliche Zustände!«

Døømfather, Amazon.de[56]

Und in manchen Kommentaren warnen die Nutzer davor, dass das Monstermesser ziemlich schlau sei und ein Eigenleben entwickle, wenn man gerade nicht hinschaut.

★☆☆☆☆

»Wie ich gerade feststellen musste, verfasst mein Schweizer Taschenmesser die positiven Rezensionen hier alle selbst! Ich habe es vorhin dabei erwischt, als ich früher nach Hause gekommen bin!«

Frohes Neues, Amazon.de[57]

★★★★★

»Dieses Taschenmesser ist GEFÄHRLICH! Es will nichts anderes als die WELTHERRSCHAFT!«

denis_b, Amazon.de[58]

Das kann so weit gehen, dass die Kunden sich enttäuscht an Amazon wenden und gar nicht mehr so begeistert sind von dem Wundermesser:

★★☆☆☆

»Ich würde es gerne wieder verkaufen, zumal ich glaube, dass mich meine Frau mit Tool 12 – 48 betrügt.«

Obee, Amazon.de[59]

Giant-Hersteller Victorinox

## »Wir haben eine große Gaudi mit dem Messer«

*Bei Amazon ist das Giant-Offiziersmesser schon seit vielen Jahren vergriffen und wird auch nicht mehr produziert. Der Konkurrent Victorinox hat Wenger aufgekauft und die Marke eingestellt. Im Interview verrät Victorinox-Sprecher Hans Schorno, welche Funktion ihm beim Wenger Giant am besten gefällt – und ob das Riesenmesser jemals wieder verkauft wird.*

Das Wenger-Giant-Messer ist ein Star bei Amazon. Die Nutzer schwärmen vom Tunnelbohrer, von der Abrissbirne und vom Fluxkompensator. Verraten Sie uns Ihre Lieblingsfunktion im Wenger Giant?
Die Guinness-Funktion mag ich am meisten. Und das hat nichts mit dem Bier zu tun, sondern mit dem Erfolg, dass wir mit dem Giant als umfangreichstes Schweizer Taschenmesser im Guinness-Buch der Rekorde gelandet sind.

Was halten Sie von den Kommentaren zum Wenger-Giant-Taschenmesser auf Amazon?
Wir haben eine große Gaudi an den Kommentaren. Die sind sehr lustig und so vielseitig wie das Giant-Messer. Wir lesen uns von Zeit zu Zeit gerne die Bewertungen durch. Und eine Sache ist sicher: Im

nächsten Giant-Messer müsste ein Bohrer für die Löcher im Schweizer Käse mit dabei sein.

Heißt das etwa, dass es eine Neuauflage des Giant-Messers geben wird?

Sag niemals nie. Die Produktion des Messers ist ja eingestellt worden, aber ein Exemplar liegt frei zur Besichtigung bei uns im Museum in Brunnen, im Swiss Knife Valley Visitor Center. Ab und zu wurmt es uns schon, dass wir das Giant nicht im Verkauf anbieten können. Vielleicht wird man ein ähnliches Riesenwerkzeug später wieder ins Sortiment aufnehmen. Unsere Techniker machen sich Gedanken darüber. Es ist also nicht ausgeschlossen, dass eines Tages wieder ein Gigant unter der Marke Victorinox auf den Markt kommen wird.

## Affäre mit einem BBQ-Grill

Die Ehe zerstört, den Job verloren, die Gesundheit ruiniert: Wenn es nach der Rezension von Karsten geht, dann ist der Barbecue-Grill AEG 520015 so gut, dass alles andere im Leben zu kurz kommt. Mit blumigen Worten beschreibt er die Wonne brutzelnder Würste auf dem Rost und wohltuende Erfrischungsbäder in Marinade. Der Haken an der Obsession: Die Liebesbeziehung zum Grill zerstört das komplette Leben von Karsten.

Hinter Karsten verbirgt sich der Blogger Christian

Brandes, der für sein Satireportal »Schlecky Silberstein« witzige Fundstücke aus dem Netz zerrt und auf der Website täglich zahlreiche Internet-Phänomene präsentiert. Mit der Grill-Rezension bei Amazon hat Brandes im Jahr 2012 einen Hit gelandet. Rund 5000 Mal ist die Rezension bereits als hilfreich gekennzeichnet worden, zahlreiche Medien haben über den Kommentar berichtet. Die Amazon-Nutzer feiern den Beitrag und schreiben dazu »Ein toller Kommentar«, »Der absolute Hammer« und »Die geilste Rezension, die ich je gelesen habe«.

Die Amazon-Bewertung schlug so hohe Wellen, dass Studenten vier Jahre später sogar einen Kurzfilm über die Liebe zum Holzkohlegrill drehten und bei Youtube veröffentlichten.[60] Darüber war auch der Blogger Christian Brandes ziemlich überrascht und schrieb in einem Blogbeitrag: »Dat jibbet doch gar nicht!«[61] Er habe das Video angeklickt und sei ausgeflippt. Aber wirklich überraschend ist es nicht, dass die Rezension den Stoff für einen Film liefert. Schließlich liest sich die Bewertung wirklich wie ein Drehbuch:

★★★★★

»Ich habe lang überlegt, ob ich mir einen Grill zulegen sollte. Da meine Frau Vegetarierin ist, bekam diese Entscheidung auch eine politische Dimension. Schließlich sprach mich allein schon die elegante Formsprache des AEG 520015 so sehr an, dass ich zuschlagen musste. Legt man den Grill auf die Seite, hat er etwas vom Porsche 911, und ich persönlich weiß es sehr zu schätzen, wenn Gegenstände über ihren reinen Nutzwert hinaus auch etwas fürs Auge bieten.

Mit dem ersten Anzünden nahm mich der AEG 520015 gefangen. Es macht einfach Spaß, dieses Gerät zu bedienen und zu berühren. Zuerst testete ich den Grill mit einer ganz normalen Thüringer vom Metzger. Dabei fiel mir gleich auf, dass die untere Pfanne als Resonanzkörper für ein viel satteres Brutzeln sorgt als herkömmliche Grills. Davor hatte ich einen Schwenkgrill von Landmann, der immer für sehr unangenehmes Klackern sorgte. Bei Tofu kam es sogar zu diesem Geräusch, das entsteht, wenn man mit den Fingernägeln über eine Tafel kratzt. Mein AEG hingegen fängt die Höhen gut ab und sorgt vom Steak bis zum Schaschlikspieß für ein freundliches Schmatzen.

Nach der besten Thüringer meines Lebens testete ich den Grill mit Burgerfleisch, was unter Fachleuten als unmöglich gilt, weil das Rindfleisch durch den Rost gerät, bevor es die nötige Konsistenz hat. Allerdings gab mir der AEG von Anfang an das Gefühl, dass mit ihm auch unmögliche Dinge möglich seien. Der Burger gelang perfekt, und so wurde auch meine Frau neugierig. Ohne es zu wissen, war auch sie von der Magie des 520015 gebannt und bat mich, einen Toast Hawaii für sie zu grillen. Ich wies sie darauf hin, dass zu einem echten Toast Hawaii auch Kochschinken gehört. Daraufhin gab sie mir einen Blick, den ich nie vergessen werde. Ich wusste: Ab heute wird meine Frau nie wieder Vegetarierin sein.

In den Wochen danach fanden wir immer wieder einen Vorwand, den 520015 anzuwerfen: Feierabendgrillen, Wochenendgrillen, Frühstücksgrillen. Es ist nicht gelogen, wenn ich sage: Man hat sich schon mit dem Aufstehen darauf gefreut, später eine Wurst zu brutzeln. Irgendwann traf ich mich mit meiner Frau regelmäßig in der Mittagspause zum Grillen. Die Mittagspausen wurden entsprechend länger, und ich bekam Ärger mit meinem Arbeitgeber. Ich erzählte meinem Chef von einer längerfristigen Arztbehandlung, die leider die Zeit erfordere, doch er roch an mir, dass etwas nicht stimmte.

Nach circa einem Monat ließen wir den Grill bei uns im Schlafzimmer die ganze Nacht über auf niedriger Temperatur brutzeln. Rückblickend weiß ich, wie krank sich das anhören muss, doch zu der Zeit kam es uns nicht im Geringsten merkwürdig vor. ›Wir grillen eben gern, außerdem sind wir Nichtraucher und trinken kaum Alkohol‹ war das Mantra, das für uns unsichtbar werden ließ, was für jeden offensichtlich war: Wir waren süchtig.

Ich kündigte meinen Job bei einer renommierten Bank, um mich als Wurstverkäufer selbständig zu machen. Ich dachte, wenn ich mich mit meiner ganzen Leidenschaft dem Grillen widme, dann verdiene ich damit genau so viel wie vorher und kann dem AEG 520015 so nahe sein wie möglich.

Doch der Grill wollte mehr von mir. Nähe allein reichte nicht aus. Ich ertappte mich immer wieder dabei, wie

ich kurz meine Handfläche auf den heißen Rost presste. Ich genoss es irgendwie, es erregte mich.
Meine Frau war schon immer stärker als ich. Sie merkte als Erstes, dass der 520015 verschwinden muss. Sie bat mich mehrmals unter Tränen, doch ich konnte mich von dem Grill nicht trennen. Allein der Gedanke daran zerriss mich innerlich. Als meine Frau zu ihrer Mutter zog, wusste ich: Ab jetzt gibt es nur noch mich und den 520015. Kein Mensch war mehr da, der mich hätte retten können. Mein Körper war vernarbt, nachdem ich mich immer wieder auf seinen Rost legte. Nachts schlief ich in einem Bad aus Kräutermarinade. Das half gegen den Wundschmerz.
Als die Scheidungspapiere meiner Frau im Briefkasten lagen, hatte ich sie schon längst vergessen. Ich befand mich einsam in einem Universum aus Kohle, Fleisch und Rauch, war aufgedunsen und träge. Ich wollte sterben, war aber zu faul, den nötigen Aufwand zu betreiben. Der Grill bestimmte alles, und er wollte, dass ich weiterlebe.
Eines Tages war der AEG 520015 plötzlich verschwunden. Ich suchte ihn überall wie im Wahn. Ich konnte die Polizei nicht einschalten, weil ich über die Monate vergaß, wie man spricht. Ich verließ mein Haus und irrte durch die Straßen Delmenhorsts. Das ganze Fett in meinem Körper legte sich wie ein dicker Film über alle meine Sinne, und so trottete ich einfach nur geradeaus, ohne wirklich zu suchen.
Ich ging immer weiter. Ich erreichte Verden, Nienburg,

Bad Oeynhausen und ging noch weiter. Irgendwie tat mir das Gehen gut. Es fühlte sich so richtig an, sich einfach nur geradeaus zu bewegen. Ich ging durch Wälder und ernährte mich dort zum ersten Mal seit langem nicht von Fleisch. Die Beeren und das Moos taten mir so gut, dass ich immer mehr zu Kräften kam. Ich ging weiter und erreichte Clausthal-Zellerfeld. Mittlerweile machten richtige Muskeln unter meiner Haut auf sich aufmerksam. Also begann ich zu joggen.
Von Tag zu Tag sah ich immer mehr Farben und nahm immer mehr Gerüche auf. Ich lief und lief und lief, bis ich in Erfurt ankam. Dort blieb ich plötzlich vor einer Bratwurstbude stehen. Es gab dort Thüringer für 90 Cent, gegrillt auf einem AEG 520015. Ich sagte dem Verkäufer: Das ist ein sehr gutes Gerät, aber ich brauche es nicht mehr. Ich war glücklich.«

Karsten, Amazon.de[62]

Interview mit Christian Brandes

## »Das war ein echt krasser Moment«

*Mit seiner Amazon-Rezension hat Christian Brandes einen Volltreffer gelandet. Seine Bewertung zum BBQ-Grill zählt zu den beliebtesten Spaßrezensionen in Deutschland. Im Interview verrät der Betreiber des Blogs »Schlecky Silberstein«, warum Amazon seine erste*

*Rezension zunächst gelöscht hat – und wie gut er den Grill wirklich kennt.*

Was macht den Reiz bei so einer Spaßrezension aus?
Es ist zu einer literarischen Kunstform geworden, Rezensionen zu Amazon-Produkten zu verfassen, die man gar nicht besitzt. Und man kann eben auch nicht einfach losschreiben. Das wird von Amazon schon überprüft. Man muss aufpassen, dass die Algorithmen nicht checken, dass man eine Kunstgeschichte schreibt. Mein erster Entwurf der Grill-Bewertung wurde nicht veröffentlicht.

Was haben Sie dann geändert?
Bei meiner zweiten Version war der Einstieg wesentlich prosaischer, der Wendepunkt kam erst später. Das war eine Herausforderung, und als Werbetexter und Comedy-Autor hat mir das echt Spaß gemacht.

Warum haben Sie diese Spaßrezension eigentlich geschrieben?
Meine Idee war zunächst, ein Buch als Karsten zu schreiben, der durchs Internet zieht und Rezensionen verfasst mit einer poetischen Ader. Aber das Buch war mir dann doch zu aufwendig, daher habe ich es bei dieser einen Rezension belassen. Mal schauen, ob es noch mal eine Bewertung von Karsten geben wird.

Mittlerweile haben rund 5000 Nutzer den Kommentar als hilfreich gekennzeichnet. Was ist das Erfolgsrezept der Grill-Rezension?
Als Betreiber des Blogs »Schlecky Silberstein« bin ich natürlich in der dankbaren Position, dass Sachen auch gesehen werden, die ich selber verfasse. Aber als ich den Blogbeitrag veröffentlicht habe, war das nur der erste große Moment. Danach hat mich die Sache nicht mehr weiter interessiert. Ich habe daher erst gar nicht mitbekommen, dass der Kommentar auch Jahre später immer noch geteilt wurde.

Gibt es Spaßrezensionen, die Sie inspiriert haben?
Da gibt es viele tolle Bewertungen zu Produkten wie dem Schweizer Taschenmesser. Aber so eine richtige Lieblingsrezension habe ich nicht. Oder doch: meine eigene.

Waren Sie überrascht, als die Grill-Bewertung verfilmt wurde?
Die Studenten, die den Film gedreht haben, konnten mich zunächst gar nicht erreichen, da ich die Bewertung ja unter dem Pseudonym Karsten geschrieben hatte. Daher war die Überraschung umso größer, als mich irgendwelche Leute angeschrieben und darauf hingewiesen haben, dass es da einen lustigen Film über eine Amazon-Bewertung gibt. Das war echt ein krasser Moment, als ich dann gesehen habe, dass es

die Bewertung zu meiner Rezension war. Ich dachte mir nur: Wo sind hier die Kameras versteckt?

Hatten Sie den Holzkohlegrill vorher ausprobiert oder bei Freunden getestet?
Ich kenne den Grill gar nicht (lacht).

Hat sich der Hersteller jemals gemeldet?
Ich habe nie mit AEG gesprochen. Mich wundert es, dass der Hersteller im Social-Media-Zeitalter diese Rezension nicht befeuert hat. Vielleicht war ihnen das am Ende doch zu verrückt. Die Königsdisziplin wäre natürlich gewesen, wenn sie den Beitrag selbst verfasst hätten.

# »Hätten wir auf dem Schrottplatz billiger haben können«: Rezensenten gehen auf Reisen

Der Markt für Reiseportale ist hart umkämpft. Yelp, Tripadvisor, Foursquare: Alle diese Online-Portale sammeln Bewertungen von Hotelgästen und Restaurantbesuchern, damit sich die Nutzer vor der Reise ein Bild machen können. So wissen die Kunden schon vorher, ob die Sonnenliegen ständig mit Handtüchern belegt sind, die Autobahn direkt unter den Balkonen entlangführt oder Bettwanzen die Matratzen belagern. Und sie erfahren außerdem, ob es Geister gibt im Hotel. Zumindest, wenn man den Kommentaren glauben darf, die auf den Portalen herumspuken.

Denn eine Sache ist klar: Die wirklich witzigen Kommentare sind bei Hotels meist die Ein-Stern-Bewertungen. Das ist zwar lustig, aber auch ärgerlich für die Betreiber, wenn sich die Nutzer einen Spaß daraus machen, irgendwelche Geschichten zu erfinden und dafür nur einen Stern vergeben.

Manchmal regen die Beiträge aber auch zu philosophischen Gedanken an. Denn wer hat sich schon mal überlegt, ob sich die Golden Gate Bridge in San Francisco überhaupt für einen Ausflug lohnt? Die Brücke ist eine der berühmtesten Sehenswürdigkeiten in Kalifornien, das bestreitet niemand. Aber es ist eben auch nur eine Brücke.

Auch das Kreuzfahrtschiff Titanic wird im Netz als Ausflugsziel angeboten. Spätestens seit dem Hollywood-Film mit Leonardo DiCaprio und Kate Winslet würde jeder gerne einmal die Romantik an Deck genießen. Aber ist der Dampfer wirklich so beliebt, dass man Zehntausende Euro dafür ausgeben würde, nur um ein Wrack auf dem Meeresgrund zu besichtigen? Bei Amazon gab es die Gelegenheit dazu, sich für 50.000 Euro pro Person mit einem Mini-U-Boot die Titanic anzuschauen. Eine Chance, für die Spaßkommentatoren sogar eine Niere verkaufen würden.

Wer seine Organe ganz ohne Bezahlung verlieren will, der besucht lieber die sagenumwobene Area 51 und lässt sich dort von Außerirdischen entführen.

## Tour zum Big Ben in London

Bei einem Besuch der britischen Metropole London kommt man um einen Ausflug zum Elizabeth Tower nicht herum. Der Uhrenturm am Westminster-Palast wird gerne auch als Big Ben bezeichnet, wobei eigentlich die größte der Glocken im Uhrenturm so heißt. Der Turm ist bekannt für sein melodiöses Glockenspiel und eines der

Wahrzeichen der Stadt. Aber jeder Tourist muss schließlich selbst entscheiden, warum er sich Big Ben anschaut:

★★★★☆

»Ein toller Ort für einen Ausflug, wenn man wissen will, wie spät es ist.«

Jasonstanaway, Tripadvisor[63]

Das Foto des Turms ist in fast jedem London-Reiseführer abgebildet, auf zahlreichen Werbeflyern zu sehen und in allen Touristenshops auf Tassen und Mousepads gedruckt. Da hat man sich auch schon mal sattgesehen, bevor man das Original überhaupt entdeckt hat:

★☆☆☆☆

»Ich habe eine Standuhr zu Hause, die genauso spannend ist, wenn man sie anschaut.«

Owen P, Tripadvisor[64]

★☆☆☆☆

»Schaut ihn euch im Internet an, da sieht er viel besser aus, ohne die Touristenscharen mit Selfiesticks.«

Ady C, Tripadvisor[65]

## Der Grand Canyon in Arizona

Millionen von Touristen besuchen jedes Jahr den Grand Canyon Nationalpark. Die gewaltige Schlucht, die sich auf 450 Kilometern durch den US-Bundestaat Arizona zieht, ist eines der populärsten Reiseziele für Naturliebhaber. Doch nach einer zweistündigen Fahrt zum Grand Canyon ist dieser Nutzer ziemlich enttäuscht. Besser wäre es gewesen, er hätte sich eine DVD im Hotelzimmer angeschaut, schreibt er bei Tripadvisor:

★☆☆☆☆

»Natur ist scheiße. (…) Das ist nur ein überdimensionaler sandiger Graben.«

David H, Tripadvisor[66]

## Strandurlaub am Tumon Beach

Hohe Preise, unfreundliches Personal und überfüllte Strände: Man kann sich ja über viele Dinge im Urlaub beklagen. Aber dieser Nutzer findet einen ganz neuen Kritikpunkt bei seinem Ausflug auf die Insel Guam im Westpazifik. Er hat sich seine Erholung am Tumon Beach ein wenig anders vorgestellt:

★★★☆☆

»Es ist ein großartiger Strand, aber einfach zu sandig.«

Tomgreene, Tripadvisor[67]

## Joshua National Park in Kalifornien

Damit wir uns gleich richtig verstehen: Der Joshua National Park ist eine Wüste im US-Bundesstaat Kalifornien. Dort steigt die Temperatur in den Sommermonaten auch gerne mal auf 40 Grad an. Doch aufgrund der beeindruckenden Felsformationen und der überall aus dem Boden ragenden Joshua-Bäume ist der Park beliebt bei Wanderern und Kletter-Touristen. Die meisten Besucher wissen auch, dass es in der Wüste wärmer werden kann. Aber eben nicht alle:

★☆☆☆☆

»Wenn ihr dort campen wollt, dann macht euch auf unerträgliche Hitze gefasst. (...) Gut für einen Ausflug in der Nacht, aber die Hölle auf Erden an einem Sommertag.«

Ben S., Yelp.de[68]

## Übernachtung im Hotel »Boudl Al Olaya« in Riad

Was im Hotel »Boudl Al Olaya« passiert sein soll, klingt ziemlich gruselig. Eine Nutzerin berichtet beim Reiseportal Tripadvisor von ihrer Nacht in der Unterkunft in Riad, der Hauptstadt des Königreichs Saudi Arabien. Diese Begegnung der dritten Art muss so schrecklich gewesen sein, dass die Nutzerin nach eigenen Angaben mitten in der Nacht das Hotel verlassen hat:

★☆☆☆☆

»Bleibt weg, hier spukt es. Ich habe einen Geist gesehen über meinem vier Jahre alten Jungen, ich habe geschrien, bin aus dem Zimmer gerannt, wir haben unsere Sachen gepackt und sind mitten in der Nacht abgereist.«

Aldhabi, Tripadvisor[69]

## Der Walk of Fame in Los Angeles

Hier sind die ganz großen Stars der Unterhaltungsbranche versammelt. Auf dem Walk of Fame in Los Angeles werden Filmlegenden wie Harrison Ford, Keanu Reeves und Marilyn Monroe mit Sternen geehrt, die in den Gehweg eingelassen sind. Außerdem erinnern die Sterne an Popstars wie Michael Jackson und John Lennon. Doch der Bodenbelag entlang des Hollywood Boulevards kommt offenbar nicht bei allen Touristen so gut an:

★☆☆☆☆

»Ich verstehe die ganze Aufregung nicht. Das ist nur ein schmutziger Bürgersteig mit Sternen.«

Pavel H, Tripadvisor[70]

Oder noch etwas krasser ausgedrückt:

★☆☆☆☆

»Ein dreckiges Stück Straße. Einmal 30 Minuten drüberlaufen reicht vollkommen aus.«

Alex B., Tripadvisor[71]

## Belgrove-Hotel in London

Die Hotel-Übernachtung in London hat sich der Nutzer Jim M wohl anders vorgestellt. In einem Beitrag bei Tripadvisor zieht er ziemlich heftig über das ansonsten durchschnittlich bewertete Belgrove-Hotel her, kritisiert unförmige Matratzen und scharfkantige Türgriffe, die seiner Meinung nach höchstens bei einer Zombie-Apokalypse nützlich sind. Lediglich bei der Lage des Hotels im Stadtteil King's Cross zeigt er sich großzügig und vergibt drei von fünf Sternen. Service, Sauberkeit und Schlafqualität hingegen bewertet er durchweg mit jeweils einem Stern. Das Fazit des Nutzers:

★☆☆☆☆

»Wenn Gebäude sprechen könnten, würde dieses hier schreien: Rennt weg!«

Jim M, Tripadvisor[72]

## Die Golden Gate Bridge in San Francisco

Diese Brücke ist das Wahrzeichen von San Francisco im US-Bundesstaat Kalifornien: Die Golden Gate Bridge. Beim Reiseportal Tripadvisor wird die Hängebrücke auf dem zweiten Platz der beliebtesten Ausflugsziele der Stadt gelistet, gleich nach der Gefängnisinsel Alcatraz. Doch auch wenn die rote Stahlbrücke über der Bucht von San Francisco ein beliebtes Fotomotiv ist: Nicht alle sind begeistert von der Golden Gate Bridge.

★☆☆☆☆

»Oh! Es ist eine Brücke. Stahl. Rot. Lang. Verbindet Küsten. (...) Ich hatte erwartet, dass ich erstaunter bin.«

someone_from_redmond, Tripadvisor[73]

Man muss ehrlich sagen, dass die Brücke bei Tripadvisor ziemlich gut bewertet wird, mit 4,5 Sternen. Aber es gibt eben immer ein paar Mecker-Touristen. So wie diesen hier:

★☆☆☆☆

»Es ist eine Brücke. Sie ist im Nebel verborgen. Kauft euch eine Postkarte, da seht ihr mehr.«

sean g, Tripadvisor[74]

## Ausflug zur Area 51

Es ranken sich viele Legenden um Area 51. Wenn es nach Ufo-Fans geht, dann seziert das US-Militär auf dem Sperrgebiet heimlich Aliens und schraubt Raumschiffe auseinander. Zumindest in Hollywood hat die Militärbasis einen eindeutigen Ruf: In Science-Fiction-Filmen wie »Independence Day« treffen sich die Helden in der geheimen Einrichtung mitten in der Wüste des US-Bundesstaats Nevada, um ihren Kampf gegen außerirdische Eindringlinge zu planen. Tatsächlich ist alles geheim, was in Area 51 passiert. Doch das US-Militär testet dort in der Regel irdische Flugzeuge und Waffen. Allerdings hält das die Alien-Fans nicht von einem Besuch in der Einöde ab. Immer wieder pilgern Touristen zumindest in die Nähe des Sperrgebiets, um einmal dort gewesen zu sein. Einige Besucher sind sogar völlig begeistert vom Eingangstor und dem Absperrzaun:

★★★★★

»Fantastisch! (...) Ich habe im Jahr 1998 ein Ufo gesichtet, und seither wollte ich immer diesen Ort sehen.«

Tcard2013, Tripadvisor[75]

Manche Touristen sind jedoch ziemlich enttäuscht, wenn sie mit ihrem Auto durch die karge Landschaft fahren und schließlich ihr Ziel erreichen:

★☆☆☆☆

»Wir sind von Las Vegas aus zweieinhalb Stunden gefahren, um die Area 51 zu sehen. Es gibt dort absolut nichts zu sehen außer Wüste, Sand und Berge, bis man zu einer Art Scheune gelangt, wo Souvenirs verkauft werden.«

Jeanette F, Tripadvisor[76]

Glück gehabt, könnte man sagen. Touristen haben dort wohl auch schon ganz andere Dinge erlebt:

★☆☆☆☆

»Ich fand es nicht so gut, ständig untersucht und getestet zu werden. Dann haben sie mich auch noch auf ihren Heimatplaneten gebracht und mich gezwungen, dort mit ihrem Volk zu leben.«

TheSandyNub, Tripadvisor[77]

Die große Gefahr sind in dem Gebiet aber weniger die Entführungen:

★★★★★

»Achtung: Vermeidet es, dort bei Nacht hinzufahren! Dort liegen nachts schwarze, freilaufende Weidekühe auf der Straße!«

dgrunsten, Tripadvisor[78]

Aber Moment. Lasst uns noch einmal kurz innehalten und darüber nachdenken, ob wir das hier alles überhaupt über Area 51 aufschreiben dürfen?

★★★★☆

»Wie sollte ich einen Ort besuchen, den es nicht gibt? (...) Oh, ich liebe es!«

Globetrotski, Tripadvisor[79]

## Tauchfahrt zur Titanic

Strandurlaub auf Hawaii? Heavy-Metal-Kreuzfahrt nach Skandinavien? Heli-Snowboarden in Kanada? Alles langweilig. Warum sollte man seinen Urlaub mit gewöhnlichen Reisen verbringen, wenn man doch völlig verrückte Ausflüge wie die Tauchfahrt zur Titanic für 50.000 Euro bei Amazon buchen kann? Der Erlebnisreisen-Anbieter Jochen Schweizer hatte den Gutschein für die Bootstour für einige Zeit beim Online-Versandhaus im Angebot.

Die Touristen sollten laut Beschreibung mit einem Mini-U-Boot rund 4000 Meter in die Tiefe gebracht werden, um das Wrack des legendären Passagierschiffs aus nächster Nähe zu sehen und die Trümmer im Scheinwerferlicht zu begutachten. Mittlerweile ist die kostspielige Expedition zum Meeresgrund nicht mehr verfügbar.

Doch allein die absurde Vorstellung beflügelt die Phantasie der Rezensenten, die sich eifrig über den horrenden Preis und das skurrile Angebot lustig machen.

Unter den Kommentatoren ist kein verifizierter Käufer, der wirklich mit dem U-Boot zur Titanic getaucht ist. Aber so wie es aussieht, können sich die Nutzer auch daheim vor dem Rechner ziemlich genau vorstellen, wie der Ausflug ausgesehen hätte. Am Preis wäre die Reise zum Meeresboden wohl nicht gescheitert:

★★★★★

»Solche günstigen Schnäppchen bekommt man nicht alle Tage. Bitte merken Sie meine Frau und mich bereits jetzt für einen bemannten Marsflug vor. Wir haben noch Freizeit übrig.«

MrMillhouse, Amazon.de[80]

★★★★☆

»Ich war dabei. Eine Niere und meine linke Netzhaut habe ich verkauft (...)«

Shellycoat, Amazon.de[81]

★☆☆☆☆

»Wie sollen wir Superreichen uns denn noch von der Masse abheben, wenn unsere bisherigen Vergnügungen nunmehr zu derartigen Schleuderpreisen auf solch gewöhnlichen Internetplattformen angeboten werden?«

Steffen Fdisch, Amazon.de[82]

Was sind schon 50.000 Euro? Da sind Eltern von Schülern ganz andere Preise gewohnt:

★★★★★

»Ich fand das Angebot bei Amazon.de richtig toll, und es eignete sich super als Alternative zum Naturkundemuseum als Ausflugsziel für unsere Drittklässler.«

Anne, Amazon.de[83]

Wer sich den Trip leisten kann, der sollte aber eine Sache nicht vergessen: Das Schiff liegt da schon seit mehr als 100 Jahren. Ganz so hübsch wie im Film mit Leonardo DiCaprio sieht der Dampfer schon lange nicht mehr aus. Wer ein prachtvolles Passagierschiff mit netten Cafés und Dixie-Band auf Deck erwartet, der wird enttäuscht:

★★☆☆☆

»Als wir nach einer halben Ewigkeit unten ankamen, mussten wir leider feststellen, dass die Titanic defekt war. Amazon war sehr kulant und hat das Schiff umgetauscht.«

Jan & Gab, Amazon.de[84]

★☆☆☆☆

»Das hätten wir auf dem Schrottplatz billiger haben können. Das ganze Schiff war kaputt und voller Rost. Das sah im Film ganz anders aus!«

Rüganer, Amazon.de[85]

★☆☆☆☆

»Nein, ich bin total enttäuscht, die Titanic ist total kaputt, kein Service an Bord.«

uwe, Amazon.de[86]

Zumindest ein paar Fische gibt es zu sehen. Und wenn man Glück hat, dann tauchen zwischen den Trümmern auch ein paar Überraschungen auf:

★★★★★

»Leben gibt es fast gar nicht da unten, nur ein paar wirbellose Tiere und Reinhold Messner auf der Suche nach dem Yeti.«

Tommes Tongefaess Buchautor, Amazon.de[87]

## »Die Katze kotzt auf den Nepalteppich«: Echte Edelprodukte

Selbst wer gerne im Club mit Fuffis um sich wirft, wird bei diesen Edelprodukten kurz zucken. Billig ist hier gar nichts. Hier wird der pure Luxus zelebriert, hier wird Geld verschwendet und richtig geprotzt. Denn welches Rich-Kid braucht schon ein HDMI-Kabel für zehn Euro, wenn es das gleiche Kabel auch für das Zehn- und Tausendfache des Preises gibt? Wird das Fernsehbild dadurch noch schärfer? Oder funktioniert lediglich der Teilchenbeschleuniger mit den Luxuskabeln besser? Die Nutzer suchen Antworten auf diese Fragen, haben die Edelstrippen in Gedanken getestet – und ihr Essen damit zubereitet.

Wer genügend Geld hat, der muss Luxusprodukte auch nicht so benutzen, wie die Gesellschaft es vorschreibt. Die Superreichen gehen mit einem teuren Diamantarmband eben nicht nur auf ein Festbankett, sondern werfen den prunkvollen 200.000-Euro-Schmuck mit ihrer Angel als Köder in den Forellenteich.

Wer sich von seinen wohlhabenden Freunden abheben will, dem reichen selbst diese klassischen Luxusgüter nicht mehr aus. Warum also nicht eine Fräsmaschine ins Wohnzimmer stellen oder ein Objektiv kaufen, das locker als Raketenwerfer durchgehen kann? Wir haben die Kunden dabei beobachtet, was sie machen würden, wenn Geld keine Rolle spielen würde beim Einkaufsbummel durch die Amazon-Edelboutique.

## HDMI-Kabel für 100 Euro

TV-Kabel für Könige: Wer seine Playstation oder seinen Blu-Ray-Player mit dem blauen HDMI-Kabel von Oehlbach an den Fernseher anschließt, der gönnt sich echten Luxus. Knapp 100 Euro kostet das gerade einmal 1,20 Meter lange Verbindungskabel, um Bild und Ton an das TV-Gerät zu übertragen. Das ist ganz schön viel, wenn man es mit handelsüblichen HDMI-Kabeln vergleicht. Für sechs Euro bekommt man schon ein recht ordentliches Kabel. Und das Bild wird ja schließlich digital übermittelt. Da gibt es unterwegs in der Regel keine Qualitätsverluste wie bei analogen Verbindungen.

Doch wer den Vollmetallstecker mit integrierter Funktionsdiode will und dazu einen langkristallinen Innenleiter, wie es der Hersteller anpreist, der muss wohl die 100 Euro in das Spezialkabel investieren:

★★★★★

»Damit mein lächerliches Zimmer mit dem Kabel harmoniert, habe ich erst einmal alles blau gestrichen und einen neuen Fernseher gekauft.«

Anonym, Amazon.de[88]

★★★★★

»Ich war schwer von der Übertragungsschnelligkeit dieses HDMI-Kabels beeindruckt. Manchmal erwische ich meinen Fernseher dabei, dass er das Bild zeigt, bevor ich ihn überhaupt einschalte.«

C. Schmidt, Amazon.de[89]

★★★★★

»Dieses Kabel ist gleichzeitig sogar dein bester Freund. War eben mit dem Kabel im Kino und hab den neuen Teil von ›Der Hobbit‹ geguckt.«

Kabel Käufer, Amazon.de[90]

Es ist kein Wunder, dass manche Kunden eine sehr innige Beziehung zu dem Kabel aufbauen. Liest man sich die Bewertungen durch, dann scheint die HDMI-Strippe nämlich noch viel mehr zu können, als nur das Bild an den Fernseher zu übertragen.

★★★★★

»Ich benutze es als Teilchenbeschleuniger. Seitdem rufen mich dauernd irgendwelche Leute aus dem Cern an und fragen, ob sie sich das Kabel mal leihen können.«

Daniel Lefrank, Amazon.de[91]

★★★★★

»Zu Weihnachten habe ich mit den Kindern den Baum damit dekoriert. Weihnachten war schneller vorüber als je zuvor. High Speed!«

Nils, Amazon.de[92]

★★★★☆

»Habe es für meinen Backofen verwendet. Jetzt kann man einfach sein Hähnchen durch den Fernseher schieben, und da es so schnell ist, nach fünf Minuten einfach essen.«

Wollin, Amazon.de[93]

## HDMI-Kabel für 10.500 Euro

Es geht aber auch noch ein bisschen teurer: Mit 10.500 Euro spielt das HDMI-Kabel des Herstellers WireWorld in der absoluten Luxusklasse der Video-Übertragungskabel. Nun gut, es ist immerhin 20 Meter lang, hat vergoldete Kontakte, und der Versand ist gratis. Aber für so viel Geld bekommt man auch eine Handvoll nagelneuer Flachbildfernseher mitsamt Blu-Ray-Playern für jeden einzelnen Raum in der Wohnung.

Den Scherzbolden bei Amazon kommt das Kabel natürlich sehr gelegen. Sie stellen sich einfach vor, wie es wäre, so ein teures Kabel zu besitzen. Ein Nutzer freut sich vor allem darüber, dass er bei dem Kabel keinen Versand zahlen muss. Es gebe ja genug freche Händler, schreibt er, die für HDMI-Kabel auch noch 2,95 Euro zusätzlich für das Porto verlangen würden:

★★★★★

»Zum Kabel an sich kann ich nicht viel sagen, habe es nur zur Sicherheit geholt, falls ich mal eins brauche.«

Andy, Amazon.de[94]

Doch wofür braucht man das Edelkabel eigentlich, wenn man es nicht nur als Reserve gekauft hat, sondern wirklich an seinen Fernseher anschließen will?

★★★★★

»Kann dank der Länge von 20 Metern nun vom Klo aus auf den 4K-DVD-Player meines Nachbarn zugreifen. Bildqualität ist erste Sahne, und 525 Euro pro Meter Kabel liegen auch vollkommen im Rahmen.«

J. Schöffel, Amazon.de[95]

★★★★★

»Wow! Dank der flachen Bauweise kann ich jetzt auch Lkws abschleppen.«

Amazon Kunde, Amazon.de[96]

★★★★★

»Ich habe sehr lange nach einem geeigneten Kabel gesucht, mit dem ich meinen alten Videorecorder mit einem guten Röhrenfernseher verbinden kann.«

R. Albeck, Amazon.de[97]

Aha, auch wenn es unfassbar viel Geld kostet, ist das HDMI-Kabel eben doch sehr gut zu gebrauchen. Und zwar dafür, die Leser mit Bewertungen zum Schmunzeln zu bringen.

## Care-Paket von Hewlett Packard für 200.000 Euro

Die richtige Frage lautet: Was soll das denn bitte sein? Worum es sich genau beim Zusatzpaket des Computerherstellers HP handelt, ist auf der Produktseite bei Amazon schwer zu erkennen. Das Care Pack Proactive Select 720 Credit wiegt laut Amazon etwa zwei bis fünf Kilogramm, kostet rund 200.000 Euro und ist den Angaben zufolge eine Service-Erweiterung um vier Jahre. Mehr Details listet die Produktseite des Online-Anbieters nicht auf.

Bei HP selbst erfährt man, dass es sich keineswegs um ein Päckchen handelt, das man zugeschickt bekommt. Das Care Pack wiegt auch nichts, sondern ist ein Vertrag mit HP über vier Jahre. Im Gegenzug können sich Unternehmen ein Team buchen, das sich um Server und Software kümmert. Den Nutzern ist es aber ziemlich egal, worum es eigentlich geht und warum dieses Angebot bei Amazon gelandet ist. Sie machen sich einen Spaß daraus:

★★★★★

»Habe das Pack seit circa einem Jahr und muss sagen, dass ich mich deutlich sicherer fühle. Habe zwar noch keinen Service in Anspruch genommen, allerdings ist es gut zu wissen, dass ich jederzeit Service haben könnte.«

User, Amazon.de[98]

★★★★★

»Habe mir vor fünf Monaten das HP Care Pack gekauft, weil ich dachte, man kann das essen. Konnte man aber nicht. Trotzdem fünf Sterne für das tolle Logo.«

HalliGalli, Amazon.de[99]

Macht das 200.000-Euro-Paket das Leben der Kunden wirklich besser? In den Bewertungen wird kein Kunde aufgelistet, der bei diesem Angebot wirklich zugegriffen hat. In der Phantasie der Nutzer gibt es aber kaum ein Problem, das mit dem Hilfspaket nicht gelöst werden kann:

★★★★☆

»Essen angebrannt? Die Katze kotzt auf den teuren Nepalteppich? Sporthose reißt mitten im Training? Mit diesem Paket alles kein Problem.«

Catbalou, Amazon.de[100]

★★★★★

»Ich habe sieben Kilogramm abgenommen und komme die Treppen nun ohne Schnaufen hoch! Meine Fingernägel glänzen richtig (…) Von dem Care Pack geht eine wohlige Wärme aus, und an dunklen Abenden funkelt es richtig romantisch.«

R. Christ, Amazon.de[101]

## Zoom-Objektiv von Sigma für 25.000 Euro

Kurz gesagt: Das Sigma-Objektiv APO EX DG Ultra-Telephoto Zoom Lens ist unfassbar teuer, extrem schwer und sieht aus wie ein Raketenwerfer. Der Aufsatz für Spiegelreflexkameras kostet rund 25.000 Euro und wiegt satte 15 Kilogramm. Mit dem Objektiv können Fotografen auch weit entfernte Objekte nah heranzoomen. Wenn es nach den Rezensenten bei Amazon geht, dann kann man sogar ein Alien auf dem Planeten Pluto beobachten, wie es auf die Straße pinkelt.

Selbst Foto-Profis dürfte der Neuwagenpreis für das Equipment abschrecken. Nicht jedoch die Amazon-Rezensenten. Sie finden immer einen Weg, sich das Equipment doch noch leisten zu können:

★★★★★

»Die Kosten waren zunächst ein scheinbar unüberwindbares Hindernis, aber nachdem ich knapp 2000 Liter Blut verkauft hatte, meine beiden Nieren, meine Leber, mein Herz, mein rechtes Bein, meinen Erstgeborenen und meine Seele, konnte ich mir die 26.000 Dollar leisten.«

Brian Billings, Amazon.com[102]

In einem späteren Update seines Kommentars berichtet der Nutzer dann, dass er mittlerweile in die Zukunft fotografieren könne und Bilder beim Baseball-Eröffnungsspiel der New York Yankees im Jahr 2157 gemacht habe. Dazu schreibt er: »Tschüs, linkes Bein!«

Aber es lässt sich mit dem Protz-Objektiv ja immerhin auch Geld sparen. Ein Fotograf schwärmt davon, dass er seit dem Kauf kaum noch Sprit verbrauche:

★★★★★

»Ich mache die meisten meiner Hochzeitsfotos und Landschaftsbilder in Florida und Georgia von meinem Hausdach aus.«

Brett Turley, Amazon.com[103]

Andere Nutzer aus den USA verdienen sogar Geld mit dem Kamerazubehör, wenn auch nicht unbedingt als Fotograf:

★★★★★

»Wenn ich nicht gerade von meinem Hinterhof aus Menschen in Asien fotografiere, dann vermiete ich es als Wohnung für eine kleine Familie.«

Anthony M. Zipple, Amazon.com[104]

Allerdings warnen die Nutzer davor, dass dieses Objektiv nicht nur aussieht wie eine Waffe, sondern damit wirklich großer Schaden angerichtet werden kann:

★★★★☆

»Ich habe ein Vogelnest entdeckt und die Linse darauf ausgerichtet. Als ich scharf gestellt habe, fiel das arme Ding tot herunter, weil die Linse die Sonnenstrahlen reflektierte.«

Rosanne M Kazmierczak, Amazon.com[105]

★★★☆☆

»Ich habe die Linse im Yosemite ausprobiert und Vögel fotografiert. Doch der Park-Ranger hat das SWAT-Team alarmiert, weil er dachte, ich würde meine Bazooka in der Wildnis abfeuern. Ende der Reise.«

Dawn Overstreet, Amazon.com[106]

Auch sollte man das Objektiv nicht fahrlässig an Freunde verleihen:

★★★★★

»Er setzte damit sofort das Rathaus in Brand, obwohl es zwei Meilen entfernt war, und dann schmolz er versehentlich auch noch die Reifen des Feuerwehrautos (...) Ich sah, wie er besessen von Macht auf die Internationale Raumstation zielte. Glücklicherweise konnte ich ihm das ausreden.«

Jim Freeman, Amazon.com[107]

Dieser Fotograf hier ist nach eigenen Angaben aus den USA nach Kanada geflohen, weil er die Funktionen des Objektivs unterschätzt hatte:

★☆☆☆☆

»Ich habe mich dafür entschieden, es in einem nahegelegenen Naturpark auszuprobieren, um mir den Saturn anzuschauen. Ich habe ein paar ziemlich gute Bilder gemacht, aber versehentlich die eingebaute Mini-Atombomben-Abschussrampe ausgelöst und den ganzen Planeten Saturn zerstört.«

David Harper, Amazon.com[108]

Okay, genug Warnungen. Natürlich hat das Objektiv auch ein paar Vorteile. Vor allem, wenn man sehr kleine Objekte fotografieren will:

★★★★★

»Großartig für Selfies. Vor allem, wenn man ein Higgs-Teilchen ist.«

Just a bum, Amazon.com[109]

★★★★★

»Makro-Fotografie ist damit unglaublich! Ich habe herausgefunden, dass Atome nicht die kleinste Einheit der Elemente sind. Damit habe ich den Nobelpreis gewonnen.«

Steve Florain, Amazon.com[110]

Selbst eine schlechtlaufende Fernbeziehung kann das Objektiv offenbar kitten. Ein Kunde habe sich selbst eine Sigma-Linse besorgt und auch seiner Freundin eine geschickt:

★★★★★

»Obwohl wir einige Hundert Kilometer voneinander entfernt leben, können wir uns nun sehen, jedenfalls bei guten Lichtverhältnissen.«

Shree, Amazon.com[111]

Man muss allerdings mit dem extremen Zoom umgehen können, um Schnappschüsse in der eigenen Wohnung zu machen. Ein Nutzer lobt das Objektiv mit einem Vorbehalt:

★★★★★

»Aber ich habe herausgefunden, dass es nutzlos ist, meine Katze im Wohnzimmer zu fotografieren. Ich muss gewöhnlich im Vorgarten meines Nachbarn stehen, um sie von der Schnauze bis zum Schwanz aufs Bild zu bekommen.«

Special Patrol Group, Amazon.com[112]

Und da wären natürlich noch die 15 Kilogramm, die mit dem Objektiv auf die Spiegelreflexkamera geschraubt werden:

★★★★☆

»Aufgrund des Gewichts neigt es dazu, vorne runterzuhängen. Ich war bisher nur in der Lage, Fotos meiner Zehen zu machen.«

Ken Maguili, Amazon.com[113]

## CNC-Fräsmaschine für 53.000 Euro

Vielleicht sollte man mit dem Vermieter oder zumindest mit einem Statiker sprechen, bevor man sich die CNC-Fräsmaschine aus dem Amazon-Angebot bestellt. Immerhin wiegt das wuchtige Gerät satte 1,7 Tonnen. Wer plant, sich die Maschine in die Wohnung zu stellen, der könnte spätestens beim Umzug ein paar Probleme bekommen – wenn die Fräse nicht schon vorher durch die Zimmerdecke gebrochen und beim Nachbarn auf dem Esstisch gelandet ist.

Rund 53.000 Euro kostet die Maschine, der Versand ist aber immerhin kostenlos. Vermutlich liefert der Postbote aber höchstens bis zur Bordsteinkante. Durch das Treppenhaus muss der Kunde das Gerät dann selbst wuchten. Wahrscheinlich fühlt sich das bei der CNC-Fräse dann so an, als würde man 30 Waschmaschinen gleichzeitig in den fünften Stock schleifen.

Doch was macht man eigentlich mit so einem Monstrum zu Hause? Klar, mit der CNC-Fräsmaschine kann man Löcher bohren und sich Herzchen aus einer Metallplatte fräsen. Das genügt vielen Rezensenten auch schon, sie sind zufrieden mit dem Gerät. Sie begnügen sich damit, immer mal wieder ein Werkstück zu fertigen und Metallspäne zu sammeln:

★★★☆☆

»Wer eine Fräsmaschine für den normalen Hausgebrauch sucht und mit den kleinen Einschränkungen leben kann, der ist hier, denke ich, ganz gut bedient.«

Michael Merkel, Amazon.de [114]

★★☆☆☆

»Ich habe mich durch die vielen guten Rezensionen zum Kauf hinreißen lassen. Ich wollte die Maschine für alltägliche Arbeiten wie die Herstellung einer Luft-Boden-Rakete, einer Diamantpresse oder eines kleinen Atomkraftwerkes benutzen.«

Chandra, Amazon.de[115]

★★★★☆

»Besser als jede Yacht. Es gehört einfach zum guten Ton, eine CNC Fräsmaschine zu besitzen.«

-H-, Amazon.de[116]

Mit der Maschine lässt sich aber nicht nur Metall fräsen.

Die Nutzer haben noch ganz andere Möglichkeiten gefunden, das Gerät im Haushalt einzusetzen:

★★★★★

»Dank der flotten Drehzahl von 8000 Umdrehungen pro Minute lässt sich supereinfach die Milch für den Frühstücks-Cappuccino aufschäumen.«

Tchlp, Amazon.de [117]

★★★☆☆

»Ich habe die Maschine wieder zurückgesendet, die Farbe passte gar nicht zu meiner Tapete. Aber ansonsten super Teil! Wir wollten damit unser Besteck immer neu herstellen, da spart man sich das lästige Abwaschen.«

Stilbruch, Amazon.de[118]

Doch wer die Fräse an seine Kinder verschenken will, sollte sich das noch einmal gut überlegen. Nicht jeder kann etwas mit der Maschine anfangen. In diesem Fall beklagt sich der Vater, dass sich seine Tochter gar nicht gefreut habe über das Geschenk im Nikolausstiefel:

★★★☆☆

»Nix war's. (...) Sie sagt, sie hätte die Wohnung ohne Fräse genauso schnell eingerichtet, was ich nicht glaube. Jetzt steht das Teil auf dem Balkon.«

mü07, Amazon.de[119]

Und da wäre auch noch die Sache mit dem Versand. Die wird bei einem 1,7-Tonnen-Gerät eben ein bisschen komplizierter:

★★★★☆

»Auch die Lieferung war perfekt organisiert. Da die Türen zu schmal waren, wurde kurzerhand die Straße gesperrt und die Glasfront meiner Wohnung ausgebaut.«

Kathi, Amazon.de[120]

## Diamantarmband für 200.000 Euro

Huch! Das ist aber ein teurer Spaß. Das Armband Diamant Tennis Weiß Gold bei Amazon ist auf dem Produktfoto nur schwer zu erkennen, da das Bild stark verschwommen ist. Es sieht aber vage nach einer Weißgold-Kette aus, die mit funkelnden Steinchen bespickt ist. Der Preis hingegen ist deutlich zu erkennen: 205.893,99 Euro soll das Armband kosten. Das ist schon ein starkes Stück, dafür bekommt man auch ein hübsches Häuschen auf dem Land oder einen Sportwagen mit allen Extras.

Doch so richtig viel Mühe geben sich die Anbieter nicht damit, die Kette angemessen zu vermarkten. Abgesehen vom Produktfoto ist auch die Beschreibung eine Katastrophe. Dort steht: »In Hundeinrbeit zeinrt Von 14 Keinreint Weiß Gold«. Mit Hundearbeit hat das wohl wenig zu tun, das Wort soll vermutlich Handarbeit heißen.

Bei den 14 handelt es sich um Karat, und Weißgold kann man sogar entziffern. Bei solch einer furchtbaren Produktbeschreibung sollte man sich wirklich gut überlegen, ein Vermögen in ein Armband aus dem Onlineshop zu investieren.

Bei den Bewertungen ist auch kein Nutzer als verifizierter Käufer gekennzeichnet. Sprich: Niemand hat das Schmuckstück wirklich gekauft. Aber der hohe Preis provoziert die Nutzer. Mit ironischen Bemerkungen malen sie sich aus, wie sich das Diamantarmband im Alltag bemerkbar machen würde.

Eine Nutzerin schreibt, sie habe dieses »Billigarmband« gesehen, als sie gerade in ihrem Penthouse in Dubai gewesen sei und ihre Leoparden gefüttert habe. Sie empfiehlt das Schmuckstück als Türstopper:

★★★☆☆

»Eigentlich ganz okay, zwei Sterne Abzug für das Zerkratzen des Elfenbeinbodens.«

Eike Boysen, Amazon.de[121]

Auch ein anderer Spaßrezensent stört sich offenbar überhaupt nicht am hohen Preis:

★★★★★

»Ich habe mir jetzt schon zehn Ketten gegönnt, aber sie sind alle weg. Egal, kaufe mir eine neue. Die sind mega nice.«

Amazon Kunde, Amazon.de[122]

Doch so einen teuren Schmuck als Armband zu tragen, halten viele Kunden für völlig falsch. Sie machen andere Vorschläge:

★★★★☆

»Die Kette hält wie erwartet alles aus. Habe sie für mein neues Mofa gekauft, da die alte Kette nicht so halten wollte.«

Jan Berneking, Amazon.de[123]

★★★★☆

»Jedes Mal bin ich hiermit der Star am Forellenteich, weil die Salmoniden einfach richtig gut beißen auf dieses Teil. (...) Ich muss noch schnell fünf Stück bestellen für das lange Wochenende.«

Martin, Amazon.de[124]

## Armbanduhr für 90.000 Dollar

Für einige Zeit ist die Zenith Men's 96.0529.4035 / 51.M Defy Xtreme Tourbillon Titanium Chronograph Watch bei Amazon tatsächlich ein wenig preiswerter. Es gibt einen Rabatt von 55.000 Dollar. Viel günstiger wird die Armbanduhr damit aber nicht, da sie auch mit dem Preisnachlass noch 90.000 Dollar kostet.

Das klobige Gehäuse ist aus Titan gefertigt, eine Acrylglasscheibe schützt das Innenleben. Die Uhr ist laut Hersteller wasserfest bis zu einer Tiefe von einem Kilometer.

Was die Uhr auf keinen Fall ist: dezent. Das Gehäuse ist etwa zwei Zentimeter dick, rund 4,5 Zentimeter breit und sieht aus wie ein Miniraumschiff der Klingonen. Und auch die Funktionen scheinen eher einem Science-Fiction-Film entsprungen zu sein. So fragt ein Amazon-Nutzer, ob man die Zeit mit der Uhr um 30 Sekunden zurückdrehen könne. Er wird enttäuscht, in einer Antwort heißt es, zurzeit lasse sich die Zeit nur um 15 Sekunden zurückdrehen.

Die Uhr ist ein Statussymbol, das den meisten Kunden viel zu teuer ist – sich aber ideal eignet für ein paar flotte Sprüche:

★★★★★

»Als ich die 24-Karat-Goldbox öffnete und die Armbanduhr das erste Mal sah, hörte ich den sanften Klang singender Engel. Es war sehr nahe dran an einer außerkörperlichen Erfahrung.«

A. Houwing, Amazon.com[125]

★★★★★

»Nicht einmal Chuck Norris, der beim Super Bowl auf dem Rücken von Godzilla reitet und Roundhouse-Kicks im Publikum verteilt, ist annähernd so großartig (…) Es war, als würde sich der Himmel öffnen und Jesus selbst erscheinen mit der gleichen Uhr.«

Jon McAwesome, Amazon.com[126]

Um die magischen Momente zu erleben, muss man die Uhr noch nicht einmal in der Hand halten. Es genügt schon, den Kauf am Küchentisch per Mausklick zu bestätigen:

★★★★★

»Mein zerlumpter Bademantel und mein mit Spaghettisoße bespritztes Unterhemd verwandelten sich sofort in einen eleganten, ungebrauchten und maßgeschneiderten Anzug.«

William Workman, Amazon.com[127]

Es scheint fast so, als würde diese Armbanduhr übernatürliche Fähigkeiten verleihen:

★★★★★

»Unglaublich, aber die Uhr erlaubt dem Träger, die Zeit zu kontrollieren. Wir sind mindestens schon ein Dutzend Mal zurückgereist, um unsere Hochzeit noch mal zu erleben.«

The Watchmen, Amazon.com[128]

★★★★★

»Ich habe durch null geteilt mit dieser Uhr. (…) Physiknobelpreis, ich komme.«

Timothy L. Pruitt, Amazon.com[129]

Die Funktionsliste des Herstellers bestätigt, dass die Uhr die Zeit anzeigen kann, ein Chronograph eingebaut ist und die Armbewegungen reichen, um die Uhr aufzuladen. Doch ist das wirklich alles?

★★★★★

»Sie wird zur Sicherheit in Trockeneis geliefert, aber man muss immer noch die kleine Plastiklasche zwischen dem Atomreaktor und dem Rest der Uhr rausziehen, bevor sie funktioniert.«

Nathan Beachey, Amazon.com[130]

★★★★☆

»Ich habe zwei davon gekauft, weil ich sie beide in einen Käfig stecken und dabei zusehen will, wie sie um meine Liebe kämpfen.«

Mr. Twisted, Amazon.com[131]

★★★★☆

»Das Einzige, was ich tragen werde, wenn ich Brad Pitt massiere.«

Patrick Beyer, Amazon.com[132]

Das klingt schon alles recht interessant. Aber wer bitte kann sich denn eine Uhr für 90.000 Dollar leisten?

★★★★★

»Diese Uhr ist so fantastisch, ich habe drei Stück für mich gekauft und eine für jeden meiner Kollegen hier bei Goldman Sachs.«

courtesy flush, Amazon.com[133]

★★★★★

»Ich musste mein Bat-Mobil verkaufen, um sie mir leisten zu können.«

Abu 3abed, Amazon.com[134]

Und zehn Dollar für Porto und Verpackung kommen schließlich auch noch hinzu:

★☆☆☆☆

»Ich hatte mich für die Uhr entschieden, aber dann habe ich die Versandgebühren gesehen. Unverschämtheit!«

mrs, Amazon.com[135]

Ja, es gibt auch kritische Stimmen. Denn irgendwann stößt auch die Superuhr an ihre Grenzen:

★☆☆☆☆

»Ich habe mir diese Uhr in der Hoffnung gekauft, dass ich damit die Zeit stoppen kann, wenn ich in vulkanischer Lava tauche. Aber nach einem Tauchgang von nur 20 Minuten funktionierte die Uhr aus irgendeinem Grund nicht mehr.«

Bill Sheley, Amazon.com[136]

## 10 Tipps für eine gelungene Spaßrezension

Das Beste an den lustigen Bewertungen ist: Jeder kann mitmachen. Sie müssen das Produkt nicht unbedingt kaufen, um eine Rezension zu schreiben. Wenn Sie selbst eine Spaßbewertung bei Amazon und Co. veröffentlichen wollen, dann helfen Ihnen diese Tipps weiter.

1. Suchen Sie sich ein verrücktes Produkt heraus. Je skurriler das Angebot ist, desto leichter schreibt sich eine Spaßbewertung.

2. Achten Sie darauf, dass bereits lustige Kommentare unter dem Produkt stehen. Je mehr Nutzer sich schon darüber lustig gemacht haben, desto eher wird Ihre Bewertung als ironischer Spaßkommentar eingeordnet.

3. Lesen Sie sich die Produktbeschreibung gut durch, und gehen Sie in ihrer Bewertung darauf ein.

4. Übertreibung veranschaulicht: Picken Sie sich die Vorteile des Produkts heraus und übertreiben Sie gnadenlos.

5. Entscheiden Sie sich für eine Textform. Diese Stilformen sind die beliebtesten:

- Ein knackiger Satz, der alles sagt.
- Zwei bis drei Sätze mit einer Pointe am Ende.
- Ein längerer Erfahrungsbericht mit blumigen Worten.
- Ein Gedicht über das Produkt.

6. Eine bessere Ehe, ein zerstörtes Leben: Je radikaler die Auswirkungen des Produkts beschrieben werden, desto besser.

7. Schreiben Sie aus der Ich-Perspektive.

8. Ein Taschenmesser als Abrissbirne und ein Higgs-Teilchen, das Selfies knipst: Eine konkrete Bildsprache lässt das Kopfkino bei den Lesern anspringen.

9. Ironie und Sarkasmus funktionieren selten in Texten. In Online-Kommentaren allerdings klappt das, wenn bereits das Produkt oder der Preis völlig absurd sind.

10. Unterfordern Sie den Leser nicht. Bei den besten Bewertungen muss der Leser selbst darauf kommen, ob Sie auf eine bekannte Comicserie anspielen oder darauf, dass Einhörner ständig von Regenbögen umgeben sind.

# »Feuerströme explodieren aus meinem Dickdarm«: Rund ums Essen und Trinken

Die Supermärkte müssen zittern. Denn längst beschränken sich Online-Anbieter wie Amazon nicht mehr auf Schuhe, Computer und Bücher. Die Versandhändler bieten auch Lebensmittel an, die per Post an die Kunden verschickt werden. Zwar ist das Online-Angebot an Tomaten, Milch und Fertigpizzen längst nicht so groß wie bei Rewe, Aldi, Lidl und Co. Doch mit günstigen Preisen und kurzen Lieferzeiten fordern die Online-Händler die Discounter heraus.

Amazon punktet vor allem mit skurrilen Produkten, die nur selten im Supermarktregal liegen. Und das hat einen guten Grund: Ein Raumspray mit Hühnerduft braucht man eben nur sehr selten in der Küche. Es sei denn, man möchte den Dönerduft überdecken oder das Wohnzimmer in ein Asia-Restaurant verwandeln.

Oder wie wäre es mit einem Käselaib für 1000 Euro? Das riesige Rad regt zumindest die Phantasie der Nutzer an, die aber offenbar Schwierigkeiten haben, richtig mit dem Nahrungsmittel umzugehen.

Was laut den Bewertungen in der Küche auf keinen

Fall fehlen darf, ist der legendäre Bananenschneider. Die Frage: Warum sollte ein gebogenes gelbes Plastikstück wirklich besser eine Banane zerteilen als ein herkömmliches Messer? Und warum bitte erfindet jemand überhaupt ein solches Küchengerät, das niemand braucht? Wir haben die Kommentare durchforstet, um dem Geheimnis auf die Spur zu kommen – und haben beim Hersteller Hutzler nachgefragt.

## Zwei-Kilo-Tüte mit zuckerfreien Gummibären

Macht Haribo wirklich Kinder froh und Erwachsene ebenso? Wenn man sich die Bewertungen zur Zwei-Kilogramm-Packung zuckerfreier Gummibären im US-Shop von Amazon durchliest, dann könnte man durchaus an dem Werbeslogan zweifeln. Der Haken am Fruchtgummi-Genuss: Die Gummibären in der Mammut-Tüte sind zuckerfrei und werden stattdessen mit Lycasin gesüßt. Dem Süßstoff wird nachgesagt, dass er bei übermäßigem Verzehr unter anderem Blähungen und Durchfall verursachen kann.

Vor allem führt der Zuckerersatzstoff zu ziemlich lustigen Bewertungen. Worum es geht, können Sie sich denken. In mehr als 1000 Kommentaren machen sich die Nutzer lustig darüber, was passieren kann, wenn man zu viele der bunten Bärchen isst. Sie amüsieren sich über Darmspülungseffekte, Grippesymptome und gesprenkelte Toilettenwände. Sie warnen sich gegenseitig davor, mehr als eine Handvoll der Fruchtgummis zu essen. Für viele ist die süße Gefahr aber einfach zu verlockend, obwohl die Nebenwirkungen dieser Gummibären wirklich grauenvoll klingen.

So berichtet im Oktober 2012 etwa ein verifizierter Käufer in humorvollen Details von seinen schmerzhaften Erlebnissen:

★☆☆☆☆

»Was aus mir herauskam, fühlte sich an, als hätte jemand versucht, die Niagarafälle durch einen Kaffee-Strohhalm zu leiten. (...) Da kam Zeug aus mir heraus, das ich bei meiner Hochzeit im Jahr 2005 gegessen habe.«

Christine E. Torok, Amazon.com[137]

Ein Vater erzählt von einem Basketballspiel, das er mit seinem vierjährigen Sohn besucht habe. Während sein Sohn sich für anderen Süßkram begeisterte, habe der Vater die zuckerfreien Gummibären gegessen. In der Halbzeit des Spiels habe dann die Katastrophe begonnen und er es gerade noch rechtzeitig auf die Toilette geschafft:

★☆☆☆☆

»Es war kein Kacken mehr; diese satanischen Durchfall-Hassbären haben etwas mit meinen Innereien angestellt, das meinen Schließmuskel dazu gebracht hat, den Wahnsinn zu erbrechen.«

gregbA, Amazon.com[138]

Ein ähnlicher Vorfall hat sich der Beschreibung zufolge in einem Gemischtwarenladen ereignet. Der Nutzer wollte sich dort Medizin besorgen, um die Nebenwirkungen der Gummibären zu bekämpfen. Doch es war schon zu spät:

★☆☆☆☆

»Ich brach in kalten Schweiß aus, meine Hände wurden feucht, und der Schmerz in meinen unteren Eingeweiden waren unwirklich, es fühlte sich an, als hätte Satan selbst nach mir gegriffen und meine Innereinen auf seinem Finger herumgewirbelt.«

J. Sargent, Amazon.com[139]

In den ersten Sätzen belächeln die Rezensenten meist die anderen Nutzer. Was könne schon so schlimm sein an ein paar Gummibärchen? Doch wer übermütig wird und zu oft aus der Tüte nascht, den scheint es dann mit ziemlicher Sicherheit zu erwischen. Während er zunächst keine Nebenwirkungen gespürt habe, schreibt ein Nutzer in einer späteren Bearbeitung seines Kommentars:

★★★★★

»Dieses Mal, nach nur drei Stunden der Verdauung, hat sich mein Arsch dazu entschieden, eine dramatische Neuinszenierung der Eruption von Pompeji aufzuführen.«

Lee Haddix, Amazon.com[140]

Es sind lyrische Durchfallbeschreibungen, die einen

Großteil der Kommentare prägen. Tatsächlich sind darunter sehr viele Kunden, die als verifizierte Käufer eine Packung bestellt haben. Bleibt zu hoffen, dass sie stark übertreiben in ihren Beiträgen:

★★★☆☆

»Ich klebte am Toilettensitz. Feuerströme explodierten aus meinem Dickdarm.«

Aaron, Amazon.com[141]

★★★★★

»Ich bin in der Nacht mehrmals aufgewacht von langanhaltendem Donnergrollen unter dem Bettlaken.«

Teresa L Amsbury, Amazon.com[142]

★★★★★

»Sie sind großartig, wenn ihr explosiven Durchfall mögt. (...) Im Ernst, diese Teile sollten verboten oder als militärische Waffe verwendet werden.«

Shon Miles, Amazon.com[143]

Und wenn man etwas lernen kann aus den Kommentaren, dann Folgendes: Wer nach dem Verzehr im Internet surfen will, sollte besser ein mobiles Gerät benutzen.

★★★☆☆

»Ich habe die ganze Zwei-Kilo-Packung gegessen und schreibe diese Rezension von der Toilette aus.«

Kev, Amazon.com[144]

## Raumspray mit Hühnersuppen-Duft

Wenn die Fritteuse einen schweren Pommes-Duft verbreitet und der Döner-Dampf nach dem Mittagessen durch die Wohnung zieht, dann helfen Raumsprays, den Geruch zu überdecken. In der Regel bieten sich dafür wohlriechende Düfte wie Moschus, Lavendel und Zitrone an, um mit sanften Sprühstößen den Geruch zu vertreiben.

Es geht aber auch anders. Mit dem Raumspray »Chicken Soup« riecht es nach dem Sprühen, ja genau, nach Hühnersuppe.

Der Hersteller verspricht eine deutlich höhere Duftstoffkonzentration als bei anderen Sprühdosen-Produzenten. Wer also sichergehen will, dass es ordentlich nach Hühnchen riecht, der ist mit dem Raumspray gut bedient:

★★☆☆☆

»Der Geruch ist wirklich täuschend echt, und meine Wohnung ist von einem Chinarestaurant nur noch optisch zu unterscheiden.«

Mrs. P, Amazon.de[145]

★★★★★

»Geheimtipp: Zusammen mit dem Zwiebeldönerspray ein unverwechselbares Erlebnis!«

HalliGalli, Amazon.de[146]

Wenn nicht nur die Bude besser duften soll, dann tragen die Kunden das Spray auch gerne direkt nach dem Duschen auf, um ihre Kollegen mit einem frischen Hühnchenduft zu betören:

★★★★★

»Einfach als Deo verwenden! Es hat zwar keinen aktiven Deo-Schutz, aber der Hühnersuppenduft überdeckt sämtliche Körpergerüche.«

Alexander Mayrhofer, Amazon.de[147]

Das Spray kann aber noch viel mehr. In manchen Fällen führt es dazu, dass die Partnerschaft sich wieder so gut anfühlt wie früher. Die Leidenschaft dieses Pärchens war einst das gemeinsame Kochen:

★★★★★

»Wir bestellen mittlerweile so viel bei Amazon, dass wir gar keine Zeit mehr zum Kochen haben. (…) Jetzt mit dem Hühnersuppenspray riecht es sogar wieder wie früher, als hätten wir richtig was gekocht.«

Rumpelstilzchen, Amazon.de[148]

Aber man kann damit auch Beziehungen beenden:

★★★★★

»Ich bin absolut begeistert von diesem Spray! Damit habe ich endlich meinen lästigen Exfreund aus meinem Leben vertrieben.«

hazel, Amazon.de[149]

## Der Bananenschneider von Hutzler

Es gibt viele Probleme auf dieser Welt. Bananen in Scheiben zu schneiden gehört wahrlich nicht dazu. Denn einerseits lässt sich die Frucht auch gut am Stück essen. Und wer unbedingt Bananenscheiben möchte, der kann die Banane ja schälen, ein Messer aus der Schublade holen und sie damit zerschnippeln. Daher klingt es im ersten

Moment ziemlich unsinnig, den Hutzler Bananenschneider 571 zu kaufen. Bei dem Produkt handelt es sich um eine gelbe Plastikform, die aussieht wie eine Banane und mit dünnen Lamellen die Frucht in kleine Rädchen zersäbelt – etwa wie ein Eierschneider.

Wer den Hutzler für ein völlig unnötiges Produkt hält, der liegt vermutlich richtig. Doch genau aus diesem Grund ist der Bananenschneider ein Star bei Amazon und führt zu grandiosen Fragen wie zum Beispiel: Wird es zu einem Planet der Affen führen, sobald Schimpansen die Technologie für sich entdecken? Kann man seinen Fehler rückgängig machen, wenn man zu viele Bananen in Scheiben geschnitten hat? Gibt es ein Modell für Linkshänder?

Viele Fragen treiben die Nutzer um, wenn sie sich für den Hutzler 571 Bananenschneider interessieren. Und einige Probleme werden auch schnell gelöst. So antwortet ein Amazon-Kunde auf die Frage, wie man reagieren solle, wenn man eine Banane am Stück gegessen habe, dass man sofort den Giftnotruf wählen solle. Ein anderer Nutzer besänftigt den besorgten Bürger und macht ihn darauf aufmerksam, dass er bei seinen Zellengenossen im Gefängnis mit so einer Tat schnell berühmt werde.

Für manche Nutzer ist der Hutzler eine Erlösung. So schreibt ein Rezensent mit dem Pseudonym SW3K, dass er jahrzehntelang nach der idealen Methode gesucht habe, eine Banane zu schneiden. Ein Messer solle er benutzen, hätten sie gesagt. Er solle auf die Banane schießen, hätten sie gesagt. Doch jedes Mal sei er ausgeflippt, als er versucht habe, die Frucht mit bloßen Händen zu zerschneiden:

★★★★★

»99,9 Prozent der Zeit war ich so frustriert, dass ich die Frucht mit meiner Hand zerquetscht und sie wütend gegen die Wand geschleudert habe.«

SW3K, Amazon.com[150]

Diese Zeiten sind nun vorbei. Sein Bewährungshelfer habe ihm schließlich empfohlen, den Bananenschneider zu benutzen. Nun könne er sich wieder seiner Leidenschaft widmen und Theaterstücke und Musicals schreiben.

Auch Christen sind begeistert vom Hutzler und sehen das gebogene Plastikteil als Geschenk des Himmels:

★★★★★

»Wenn es keinen Gott gibt, wie bitte kommt es dann, dass Bananen so perfekt in den Bananenschneider passen?«

Noah, Amazon.com[151]

Zugegeben, der Bananenschneider wirkt tatsächlich ein bisschen billig.

★★★★★

»Aber er funktioniert viel besser als der Hammer, den

ich immer benutzt habe, um meine Bananen zu schneiden.«

IWonder, Amazon.com[152]

Bananen können Beziehungen belasten. Und spätestens dann, wenn die Kinder darunter leiden, müssen die Eltern handeln. So wie dieser Nutzer, der ständig mit seiner Frau gestritten habe, als es darum ging, wer die Bananen schneidet. Mit dem Hutzler sei das nun kein Problem mehr:

★★★★★

»Er hat meine Ehe gerettet. Was soll ich schon sagen über den 571B Bananenschneider, was nicht schon über das Rad, Penicillin oder das iPhone gesagt wurde ... das ist eine der größten Erfindungen aller Zeiten.«

Mrs Toledo, Amazon.com[153]

Ein Nutzer klagt jedoch darüber, dass die Banane mit dem Bananenschneider in zu viele Stückchen zerteilt werde. Schließlich sei der Hunger nicht immer gleich groß, manchmal möchte man eben nicht so viele Bananenstückchen essen:

★★★★★

»Es wäre viel besser, wenn man einstellen könnte, dass die Banane in etwa sechs bis acht Stücke zerschnitten wird. So viele könnte ich locker essen. Aber 18?«

Jeff W., Amazon.com[154]

Und es gibt noch ein anderes Problem, das beim Hersteller wohl niemand bedacht hat. Der Rezensent Jim Anderson hält diesen Produktfehler für »untragbar«:

★★☆☆☆

»Der Bananenschneider biegt sich von links nach rechts. Alle meine Bananen biegen sich in die andere Richtung.«

Jim Anderson, Amazon.com[155]

Ein Problem, das sich mit einem Trick lösen lässt. In einer anderen Bewertung erklärt ein Käufer, wie man auch Bananen schneiden kann, die in die andere Richtung gebogen sind:

★★★★★

»Ich habe entdeckt, dass der Bananenschneider auch mit nach links gekrümmten Bananen funktionieren könnte, wenn ich einfach meinen Tisch um 180 Grad drehen würde (…)«

me, Amazon.com[156]

Und auch diese Erkenntnis macht den Bananenschneider plötzlich zu einem nützlichen Werkzeug:

★★★★★

»Nachdem ich herausgefunden habe, dass ich die Banane vorher schälen muss, funktioniert es noch viel besser.«

Uncle Pookie, Amazon.com[157]

Aber so richtig zeitgemäß ist der Hutzler dann doch nicht. Im 21. Jahrhundert haben die Kunden eben gewisse Ansprüche an Küchengeräte – und sind sauer, wenn moderne Technologie einfach ignoriert wird:

★★★★★

»Vielleicht mache ich irgendetwas falsch, aber ich kann dieses Ding nicht mit meinem WLAN verbinden.«

Hubert, Amazon.com[158]

Dennoch schlägt der Bananenschneider viele Erfindungen der Tech-Branche. Auch der Smartphone-Hersteller Apple muss sich warm anziehen:

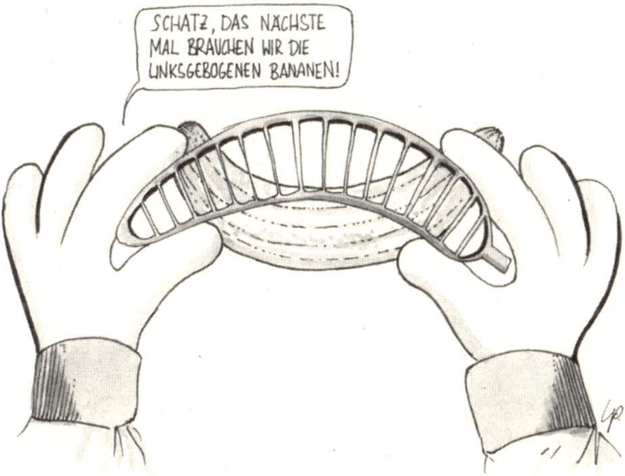

★★★★★

»Das iPhone 7 ist wasserdicht? Der Hutzler war es vorher schon.«

J. Trevor Macduff, Amazon.com[159]

Trotz vereinzelter Kritik hat der Hutzler offenbar das Leben vieler Bananenliebhaber verbessert. Und nach Tausenden von positiven Rezensionen fehlt den Nutzern nur noch eine Kleinigkeit zum großen Glück. Denn eine Frage bleibt offen auf der Produktseite bei Amazon: Wann wird endlich der Bananenschäler erfunden?

Kultprodukt im Internet

## Warum Hutzler den Bananenschneider erfunden hat

Bananen lassen sich auch ganz einfach ohne den Hutzler 571 Bananenschneider zerteilen. Doch genau aus diesem Grund ist der Küchenhelfer wohl zum Kultobjekt geworden. Knapp 6000 Rezensionen hat der Bananenschneider bei Amazon bereits gesammelt und wird mit einer Bewertung von 4,5 von 5 Sternen geadelt. Die meisten Rezensionen sind Spaßbewertungen, die Nutzer verspotten den Bananenschneider. Doch der Hersteller zeigt Sinn für Humor.

»Wir lieben die lustigen und kreativen Bewertungen«, sagt Monique Haas, die stellvertretende Vorsitzende des US-Konzerns Hutzler. »Wir sind begeistert davon, dass der Bananenschneider unsere Kunde dazu inspiriert, solche großartigen satirischen Geschichten zu erfinden.« Doch das Unternehmen kann nicht nur über sich selbst lachen, es profitiert auch von dem Hype um den Bananenschneider. »Wir haben auf jeden Fall das Gefühl, dass diese Bewertungen den Verkauf angekurbelt haben.«

Doch wie kam der Hersteller von Salatlöffeln, Plastikschüsseln und Zitronenpressen überhaupt dazu, einen Bananenschneider zu erfinden? Bei Hutzler hat man offenbar Bedarf gesehen: »Unserer Meinung nach war der Bananenschneider eine nützliche Erfindung«, sagt Haas. Darüber kann man zwar streiten. Aber offenbar ist der Plastikschneider auch nicht unbedingt für Erwachsene gedacht, die mit Messern umgehen können. Monique Haas sagt: »Kinder lieben es, ihn zu benutzen.«

## Käselaib für 1000 Euro

In jeden Kühlschrank gehört ein ordentlicher Käse. Damit sind schnell Pausenbrote belegt, Omeletts verfeinert und die Reste aus dem Kühlschrank überbacken. Doch man muss die dünnen Scheibchen in der Fünferpackung leider ständig nachkaufen. Oder man bestellt den rund 30 Kilogramm schweren Provolone-Piccante-Käselaib bei Amazon, der für 1000 Euro angeboten wird. Der Käse ist laut Beschreibung aus reiner Kuhmilch gemacht, kommt aus Italien, das Aroma wird als kräftig beschrieben. Auf die Frage eines Nutzers, ob der Laib essbar sei, lautet die Antwort: »Manchmal.«

Vermutlich kommt es eher selten vor, dass sich Kunden ein Käserad für den Hausgebrauch bestellen. Und selbst der Italiener an der Ecke kauft den Käsevorrat für die Pizza wohl eher im Großhandel. Dennoch wird der Laib bei Amazon eifrig bewertet.

Die Nutzer diskutieren darüber, was man mit dem Käselaib so alles anstellen könnte. Ein Nutzer berichtet davon, dass sich sein Vater vor 28 Jahren in einem Restaurant einen solchen Käse bestellt hat und seither nicht zurückgekehrt ist. Ein anderer beklagt sich über die ovale Form, die ihm bei einem Käseroll-Turnier zum Verhängnis geworden sei:

★★☆☆☆

»Das ist kein Wettkampfkäse. Finger weg.«

Russell Simpson, Amazon.com[160]

Auch andere Kunden geben an, ein Problem mit der Form zu haben, die nicht dem klassischen Käserad entspreche:

★★★☆☆

»Es sollte Käse-Zylinder heißen. Hat zwei Sekunden auf

meinem Corolla gehalten, dann habe ich das ganze Ding auf der Autobahn verloren.«

Thomas A. Ertman, Amazon.com[161]

Aber es ist offenbar nicht nur die Form, die Probleme bereitet. Der Umgang mit einem überdimensionalen Käse ist eben nicht alltäglich:

★★☆☆☆

»Ziemlich frustrierend. Es wird kein Handbuch mitgeliefert und ich finde keines im Internet, außer einem, das italienisch zu sein scheint. Ohne Anleitung ist es unmöglich, damit klarzukommen.«

Peanut's mama, Amazon.com[162]

Trotz aller Kritik gibt es auch noch die Kunden, die sich an dem Gedanken an ein riesiges Käsestück erfreuen können. Denn der Vorteil an dem teuren Käsespaß ist, dass man damit auf jeden Fall satt wird:

★★★★☆

»Ich folge streng meiner Käsediät und esse nichts anderes als den Laib.«

Daniel B., Amazon.com[163]

## Tuscan-Vollmilch in der Plastikflasche

Die Tuscan-Vollmich ist der Star unter den Lebensmitteln bei Amazon. Dabei wird in der Plastikflasche mit einem Fassungsvermögen von einer Gallone (etwa 3,8 Liter) einfach nur ganz gewöhnliche Milch geliefert. Dennoch ist das Lebensmittel mit rund 2000 Bewertungen eines der meistkommentierten Produkte im US-Shop des Online-Händlers.

Begonnen hatte der Hype um die Milch bereits im Juli 2006, als zwei Nutzer die Website Awesomemilk.ytmnd.com ins Netz stellten. Auf der Seite veröffentlichten die beiden Spaßkommentatoren ihre selbstverfassten Bewertungen zur Tuscan-Milch als Screenshots. Die Website war ein voller Erfolg und lenkte die Aufmerksamkeit der Kunden auf die Kommentarspalte des Lebensmittels.

Mittlerweile wird die Milch nicht mehr über Amazon direkt verkauft, sondern nur noch über Drittanbieter. Und der Bekanntheitsbonus wirkt sich auf den Preis aus: Bis zu 200 Dollar verlangen die Händler für eine Flasche. Aber bei diesen Lobeshymnen ist es auch kein Wunder, dass die Preise steigen:

★★★★★

»Diese Milch war so gut, ich bin ohnmächtig geworden. Als ich drei Wochen später wieder aufgewacht bin, haben Affen die Welt regiert.«

Matthew A. Clement, Amazon.com[164]

★★★★★

»Ich habe ein bisschen davon an strategisch wichtigen Stellen in meinem Haus und meiner Wohnung ausgeleert, damit ich den Duft auch in den kommenden Wochen genießen kann.«

Garrett Cobb, Amazon.com[165]

Schon beim Öffnen erleben die Käufer eine Überraschung. Ist es wirklich nur Milch, die in dieser Plastikflasche steckt?

★★★★★

»Als ich sie öffnete, gab es förmlich eine Explosion aus Regenbogen und Kätzchen. Kühe können diese Milch nicht gemacht haben. Nein, ich tippe auf Einhörner.«

Maciej Murakowski, Amazon.com[166]

Wer die Tuscan-Milch dann nicht nur bewundert, sondern auch noch trinkt, der erlebt offenbar ein weißes Wunder:

★★★★★

»Ich wurde ohne Knochen geboren. Die Tuscan-Vollmilch (…) hat das geändert, und nun habe ich ein Skelett wie jeder andere Mensch …«

J. Laury, Amazon.com[167]

★★★★★

»Meine Frau hat unser erstes Kind in einer mit Tuscan-

Vollmilch gefüllten Badewanne geboren, sie hatte zu keiner Zeit irgendwelche Schmerzen. Er ist nun fünf Jahre alt und macht gerade seinen Doktortitel in Quantenbiomechanik.«

Ariel Krieger, Amazon.com[168]

Und nicht nur die menschlichen Käufer interessieren sich für das beliebte Produkt:

★★★★★

»Meine Katzen haben welche für sich bestellt.«

Amazon Customer, Amazon.com[169]

Doch Vorsicht! Bei leichtverderblichen Lebensmitteln lieber nicht auf die Billigangebote reinfallen:

★★★☆☆

»Ich dachte, ich könnte ein bisschen Geld sparen bei diesem Produkt und habe auf ›Gebraucht kaufen‹ geklickt. Mann, das war ein Fehler!«

C. Gates, Amazon.com[170]

Auch scheint nicht ganz intuitiv zu sein, wie man die Milch genau anwendet. Eine Frau beklagt sich darüber, dass eine Anleitung fehle. Sie und ihr Ehemann seien zwar Akademiker, würden aber einfach nicht herausfinden, wie man die Milch benutzt. Das Paar gibt auf und setzt die Plastikflasche einfach für einen anderen Zweck ein:

★★☆☆☆

»Sie verdient zwei Sterne allein dafür, dass sie viel wiegt und einen guten Job dabei macht, den Zeitungsstapel zu beschweren, bevor er im Papiermüll landet.«

Badgerina, Amazon.com[171]

Auch diese Nutzer haben einige Kritikpunkte gefunden, die sie in den Kommentaren an die anderen Kunden weitergeben:

★☆☆☆☆

»Nachteile: Kurze Haltbarkeit. Kein Handbuch. Kein optischer / koaxialer Tonausgang.«

Greg petersen, Amazon.com[172]

★☆☆☆☆

»Auf dem Etikett dieses Produkts sollte stehen: GEFAHR! Es enthält Flüssigkeiten, die aus Kuh-Dingern herausgepresst werden. Weitersagen. Deckt die Lügen auf.«

MoLaw, Amazon.com[173]

★☆☆☆☆

»Das ist eine feine Milch, aber die Produktkette scheint in der Farbwahl sehr begrenzt zu sein. Ich habe nur Weiß gefunden.«

W. Wright, Amazon.com[174]

## Stofftier-Grillhähnchen für Kinder

Bitte nicht nachmachen: Das Grillhähnchen von Haba ist ein Stofftier und nicht für den Ofen geeignet. Zehn Euro kostet das Spielzeug für Kinder. Dafür ist kein Tier gestorben, es besteht nicht aus Fleisch, sondern aus Velours. Für die Hähnchenschlegel benötigen Sie auch kein Messer, die sind mit Klettverschlüssen befestigt.

Manche Kunden halten es zwar für geschmacklos, ein totes Hühnchen ins Kinderzimmer zu legen. Andere Amazon-Kunden hingegen machen sich einen Spaß daraus und bereiten sich das Stofftier im Ofen zu. Keine gute Idee.

★★★★★

»Als der Wecker klingelte, standen drei Feuerwehrleute an der Haustür und stürmten die Wohnung. (…) Das Hähnchen war (…) völlig verbrannt.«

Wosamanati, Amazon.de[175]

Das Stoffhühnchen ist aber nicht nur völlig ungeeignet für den Ofen. Laut den Rezensenten schmeckt das Tier auch nicht besonders lecker:

★★★★★

»Das Hühnchen ließ sich kaum schneiden und ist total wässrig geworden, als ob es das ganze Kochwasser eingesaugt hätte. (…) Es schmeckt einfach wie ein alter Socken; da hätte ich gleich ein Stofftier verspeisen können.«

Ein Schulze, Amazon.de[176]

★☆☆☆☆

»Zwar ist dieses Grillhähnchen sehr lange haltbar und erfrischend wenig fettig, dafür aber auch sehr zäh und trocken und obendrein nicht grade besonders geschmacksintensiv.«

Sven W., Amazon.de[177]

Aber nicht alle Gourmets stören sich am Geschmack des Haba-Huhns. Mit der richtigen Beilage gelingt offenbar selbst mit dem Stofftier eine schmackhafte Mahlzeit:

★★★★★

»Ungewohnt leicht zu tranchieren und ohne Kühlung haltbar, aber etwas pelzig auf der Zunge. Ich genoss dieses Hähnchen mit ein paar Fava-Bohnen, dazu einen ausgezeichneten Chianti.«

T. Estimonialis[178]

Die Verfechter von nachhaltiger Nahrung und gutem Biofleisch stellen sich aber eine Frage, die der Hersteller nicht in den Produktangaben beantworten kann:

★★★★★

»Sind die Hühner aus Bodenhaltung oder aus Legebatterien?«

Timo Bender, Amazon.de[179]

## Pfefferspray

Bitte lasst diesen Kommentar eine Spaßrezension sein. Alles andere wäre nur sehr schwer zu ertragen. Denn allein die Produktbeschreibung macht deutlich, was passiert, wenn man mit einem Strahl aus der Pfefferspray-Dose getroffen wird: Die Flüssigkeit verursacht schwere Reizungen in Augen und Atemwegen.

Doch was macht dieser Nutzer bei Amazon? Er nimmt den Hinweis wörtlich, dass man das Spray in Deutschland nur gegen Tiere anwenden darf:

★☆☆☆☆

»Wir haben das Spray bei einer Gartenparty verwendet, und abgesehen davon, dass sich kaum eine normale Menge auf dem Grillgut verteilen ließ, schmeckte der Pfeffer säuerlich und war viel zu intensiv. (...) Ich rate von diesem Produkt ab und empfehle eine klassische Mühle.«

C. C., Amazon.de[180]

Vermutlich müssen wir uns aber keine Sorgen machen, dass dieser Rezensent tatsächlich sein Steak mit Pfefferspray gewürzt und damit ungenießbar gemacht hat. Bei seinen anderen Bewertungen finden sich noch weitere schmissige Kommentare wie: »Dieser Satz hat keinen Inhalt mehr, aber ich musste ihn schreiben, da das Amazon-Rezensions-System eine Mindestanzahl von Wörtern verlangt.« Bei einer Bratform für Frühstückseier kommentiert er das Produkt mit den Worten, dass es ganz gut funktioniere, aber man sollte »große Eier« haben, um es zu verwenden. Mit kleinen Eiern klappe es nicht so gut. »Wie immer im Leben.«

Außerdem antwortet C. C. verräterisch in den Kommentaren zum Pfefferspray, als ihn immer mehr Nutzer darauf hinweisen, dass seine Bewertung in vielen Medien aufgegriffen wird: »Ich gebe zu, es übertrifft mittlerweile meine kühnsten Erwartungen ;-)«

# »Ich habe jede Seite gehasst«: Angriff auf das Bücherregal

Wenn man ein Buch in wenigen Tagen durchschmökern will, dann klappt das immer noch am besten im Urlaub. Keine Meetings, keine Termine und keine Anrufe: Bei einer entspannten Lektüre in der Hängematte stehen die Chancen gut, dass man wirklich bis zum Ende durchhält – und nicht nach einem stressigen Arbeitstag abends im Bett bereits nach einer Seite einschläft.

Um die richtige Lektüre für den Urlaub auszuwählen, verlassen sich viele Romanliebhaber auf die Bewertungen im Internet. Wenn Tausende Leser ein Buch empfehlen, dann kann es schließlich nicht so schlecht sein. Oder vielleicht doch?

Selbst bei den großen Klassikern wie »Der große Gatsby« und »Der Herr der Ringe« gibt es ein paar Nutzer, die absolut gar nichts mit den Geschichten anfangen können. Einige davon hatten aber auch nie eine Wahl: In der Schule wurden sie dazu gezwungen, sich die großen Werke durchzulesen, um in den Prüfungen zu bestehen. Das sorgt für einige knallharte Ein-Stern-Bewertungen von frustrierten Schülern, die selbst hochgelobte Klassiker zerpflücken.

Und dann gibt es auch noch Bücher, bei denen man sich fragt: Warum? Wer ist die Zielgruppe, die sich schon immer fragte, wie man trägen Kreuzfahrtschiffen ausweicht und wie man Holz erkennt?

## »Wie man Holz erkennt« (Sachbuch)

Holz identifizieren leicht gemacht: Der Autor des Buchs »Identifying Wood: Accurate Results with Simple Tools«

verspricht, dass der Leser mit dem bloßen Auge, einer Lupe und einem Mikroskop zum Baumprofi wird. Mehr als 180 Hölzer von heimischen und tropischen Bäumen werden in dem Ratgeber erklärt.

Wie hilfreich dieses Sachbuch sein kann, erklärt der Nutzer WallP in seinem Kommentar bei Amazon:

★★★★★

»Endlich! Nie wieder im Wald stehen und nicht wissen, aus welchem Material die Bäume sind. Nie wieder Steine in den Kachelofen werfen und sich wundern, dass es nicht warm wird.«

WallP, Amazon.de[181]

## »Wie man Riesenschiffen aus dem Weg geht« (Sachbuch)

Mit diesem Taschenbuch wird vielleicht eine der größten Fragen der Menschheit beantwortet: »How to Avoid Huge Ships« heißt der Titel des Sachbuchs, das der Autor John W. Trimmer im Jahr 1993 veröffentlicht hat. Auf 112 Seiten beschreibt Kapitän Trimmer, wie man auf einem Bootsausflug vermeidet, von einem Dampfer oder einem Kreuzfahrtschiff gerammt zu werden.

Mag ja sein, dass sich tatsächlich Leser für dieses Sachbuch interessieren. Bei Amazon sind es eher kommentierfreudige Nutzer, die sich vom Titel des Buchs inspiriert fühlen und ein paar Gags auf Amazon hinterlassen.

Mehr als 1300 Bewertungen hat das Buch bereits gesammelt. Darunter sind allerdings nicht sehr viele Bootsbesitzer, die sich mit dem Fachwissen aus einer lebensbedrohlichen Situation auf hoher See gerettet haben. Es sind ganz normale Menschen, die sich für die großen Probleme auf dieser Welt interessieren:

★★★★★

»Als Vater von zwei Teenagern war dieses Buch von unschätzbarem Wert für mich. Ich bin sicher, dass andere Eltern mir zustimmen, wenn ich sage, dass mich der Gedanke erschaudern lässt an die immer größer werdende Präsenz von riesigen Schiffen im Leben meiner Kinder.«

Noel D. Hill, Amazon.com[182]

★★★★★

»Kapitän Trimmer präsentiert eine ziemlich neuartige Technik, um riesigen Schiffen auszuweichen: Steuere dein Boot aus dem Weg des riesigen Schiffs.«

Cap'n Crunch, Amazon.com[183]

Vielleicht unterschätzen wir aber auch die Gefahren, die von Riesenschiffen ausgehen. Immerhin sind wir den pfeilschnellen Tankern auf dem Meer schutzlos ausgeliefert:

★★★★★

»Als ich mit meinem Jetski in der Chesapeake-Bucht

unterwegs war, kam mir ein riesiges Schiff auf dem Kanal entgegen. Ihr könnt euch meinen Schrecken vorstellen, als ich feststellte, dass ich nur noch 1 Stunde und 45 Minuten Zeit hatte, bis der schwerfällige Koloss mein Gebiet durchqueren würde.«

Bill, Amazon.com[184]

Doch nicht nur auf dem Meer lauern die gefährlichen Kreuzer. Auch in unserem Alltag sind die Riesenschiffe längst angekommen:

★★★★☆

»Seit ungefähr acht Monaten beobachtete ich, wie ein riesiges Schiff mich verfolgt. (…) Dann habe ich dieses Buch entdeckt.«

Raelix, Amazon.com[185]

Zu genau sollte man sich die Anleitung allerdings nicht anschauen. Das kann dazu führen, dass man riesige Schiffe zu erfolgreich vermeidet:

★☆☆☆☆

»Ich habe dieses Buch vor dem Urlaub gelesen und habe mein Kreuzfahrtschiff nicht mehr im Hafen gefunden. Urlaub gestorben.«

Dan, Amazon.com[186]

Vielleicht sind es aber auch gar nicht die Kapitäne, die sich diesen Ratgeber genau durchlesen sollten:

★★★★☆

»Für Eisberge wie mich ist es ein heikles Thema, wie man riesige Schiffe vermeidet.«

Benjamin J. Herr, Amazon.com[187]

★★★★★

»Ich habe ein Exemplar für die San Francisco Bay Bridge gekauft.«

jay a chesavage, Amazon.com[188]

Einen Moment, bitte. Es wird Zeit, dass wir auch einmal an die Tanker denken. Schiffe haben schließlich auch Gefühle:

★★★★★

»Ich bin über dieses Buch gestolpert, als ich nach Büchern suchte, die beschreiben, wie man riesige Schiffe anlockt. Dieses Buch ist furchtbar und leicht rassistisch.«

Darren Moran, Amazon.com[189]

★☆☆☆☆

»Ich bin ein riesiges Schiff. Jetzt stellt euch mal vor, dass es ein komplettes Buch mit der Anleitung gibt, wie man dich und deine Art aktiv vermeidet.«

Altair Voyager, Amazon.com[190]

## »Der große Gatsby« (Roman)

Die Hollywood-Verfilmung des Buchs »The Great Gatsby« ist mit absoluten Kinogrößen besetzt: Leonardo DiCaprio spielt mit, außerdem die Schauspieler Carey Mulligan und Tobey Maguire. Der Film war 2013 ein voller Erfolg an den Kinokassen und hat zudem zwei Oscars gewonnen. Doch welchen Anteil hat daran eigentlich die Romanvorlage des US-Autors F. Scott Fitzgerald aus dem Jahr 1925?

Wenn wir ganz ehrlich sind: Das Buch »The Great Gatsby« ist natürlich ein echtes Meisterwerk und wird überdurchschnittlich gut bewertet bei Amazon mit 4,5 Sternen. Es wird als das beste Buch von Fitzgerald gehandelt. Daher sind auch die meisten Bewertungen positiv. Aber eben längst nicht alle.

Und es ist auch viel amüsanter, sich die Klagen der enttäuschten Leser anzuschauen. Da gibt es in der Kommentarspalte des Klassikers einige zu entdecken. Hören wir mal rein:

★☆☆☆☆

»Ernsthaft, bin ich der einzige Mensch auf der Welt, der denkt, dass ›The Great Gatsby‹ ein großer Müllhaufen ist?«

Amazon Customer, Amazon.com[191]

Wir können den Leser beruhigen, er ist nicht allein. Auch andere finden »The Great Gatsby« eher so mittel:

★☆☆☆☆

»Schräge Geschichte ohne Handlung, deren Hauptcharaktere kein Leben haben außer den Zugang zum Leben der anderen. Jeder betrügt jeden, und am Ende ist keiner glücklich …«

Amazon Customer, Amazon.com[192]

★☆☆☆☆

»Ich habe dieses Buch gehasst, als ich es damals im Jahr 1962 in der Highschool gelesen habe, und dachte mir, ich lese es erneut als Erwachsener, um zu sehen, ob sich meine Meinung geändert hat. Hat sie nicht.«

teacher, Amazon.com[193]

Manchmal holen die Kunden gar nicht so weit aus, sondern beschreiben einfach in kurzen und pointierten Kommentaren, was ihnen an dem Buch nicht gepasst hat:

★☆☆☆☆

»LANGWEILIG.«

camping101, Amazon.com[194]

★☆☆☆☆

»Dieses Buch ist schlecht geschrieben, langweilig und einfach nur mies.«

Layne fisher, Amazon.com[195]

Einige Leser haben sich offenbar auch nicht freiwillig dazu entschieden, den Roman anzuschaffen:

★☆☆☆☆

»Ich wurde gezwungen, dieses Buch für die Schule zu lesen. Ich habe jede Seite dieses Buchs gehasst.«

Ein Kunde, Amazon.de

## »Die Verwandlung« (Erzählung)

Verarbeitet der Autor seinen Vaterkomplex? Geht es um einen Konflikt mit seiner Schwester? Es ist meist recht schwierig, die Geschichten des Autors Franz Kafka zu deuten. Bis heute streiten die Experten darüber, welche persönlichen Probleme in der Erzählung »Die Verwandlung« verarbeitet werden. Dass es sich allerdings um Probleme handelt, ist ziemlich sicher: Denn der Protagonist Gregor Samsa erwacht eines Tages als Käfer, wird daraufhin von der Gesellschaft geächtet und schließlich von seiner Familie verstoßen.

Es ist eine verstörende Geschichte, die auch einige Leser im Netz irritiert. Während viele Amazon-Kunden die Erzählung als eines der größten Werke der Weltliteratur preisen, halten andere das Buch für reine Zeitverschwendung.

★★☆☆☆

»Kein fetter Käfer unter den Büchern. (...) Dadurch, dass die Protagonisten alle ziemlich emotionslos sind und der Erzählstil sehr nüchtern ist, wirkt die Handlung an vielen Stellen abstrus ...«

Phivro, Amazon.de[196]

★☆☆☆☆

»Die gesamte Handlung ist Murks und eine Verschwendung von Papier.«

Ein Kunde, Amazon.de[197]

Zu geradlinig erzählt, zu wenige Wendungen: Selbst Fans von Kafka sind enttäuscht von der Geschichte und raten davon ab das Buch zu lesen.

★☆☆☆☆

»Das Ende war wahrscheinlich nicht nur für den Protagonisten, sondern auch für die meisten Leser eine Erlösung.«

Milka, Amazon.de[198]

## »Der Herr der Ringe« (Roman)

Am Klassiker »Der Herr der Ringe« darf man eigentlich nichts kritisieren. Der Fantasyroman von J. R. R. Tolkien aus den 1950er Jahren zählt zu den erfolgreichsten Geschichten aller Zeiten. Tolkien hat für die Abenteuer der Hobbits, die einen Ring vernichten müssen und gegen finstere Mächte kämpfen, eine beeindruckende Fantasywelt erschaffen. Bei Amazon werden die Bücher mit 4,5 Sternen ausgezeichnet – bei rund 20.000 Bewertungen. Regisseur Peter Jackson hat die Bücher verfilmt und damit 17 Oscars gewonnen.

Doch es gibt sie auch hier, die Kritiker, die den Roman

zerrupfen. Und die Kunden beklagen bei weitem nicht nur eine zu kleine Schrift und zu dünnes Papier:

★☆☆☆☆

»Ich bin so froh, dass das Buch zu Ende ist. Es hat mich zu Tränen gelangweilt.«

Unknown, Amazon.com[199]

★☆☆☆☆

»Ich glaube ›Der Hobbit‹ war nicht nur das schlimmste literarische Stück, das ich je gelesen habe, sondern auch das langweiligste. (...) Ich habe aufgehört zu zählen, wie oft ich beim Lesen eingeschlafen bin.«

A customer, Amazon.com[200]

Zugegeben, es kann ein wenig zermürbend sein, wenn die Helden auf etlichen Seiten durch die Abenteuerwelt wandern, ständig singen und bei jeder Rast ausführlich beschrieben wird, wie die Helden das Elbenbrot essen:

★☆☆☆☆

»Sie laufen. Und laufen. Und laufen. Mein Gott. Es gibt viele Dinge, die so schlecht sind, dass man sich wundern muss, warum sie so berühmt geworden sind. Das hier ist eines davon.«

A Customer, Amazon.com[201]

★☆☆☆☆

»Dieses Buch ist ein Witz. (...) Nach rund 200 Seiten

des Buchs habe ich nur darüber gelesen, wie der Hobbit durch den Dschungel gelaufen ist und wie lecker das Frühstück war.«

A customer, Amazon.com[202]

Aber wenn fast alle Leser den Roman gut finden, darf man über die Geschichten aus Mittelerde überhaupt lästern?

★☆☆☆☆

»Eine langweilige Geschichte. Ich habe weitergelesen, weil so viele Menschen von der Serie geschwärmt haben. Das hat es für mich nicht besser gemacht.«

DoctorK, Amazon.com[203]

★☆☆☆☆

»… so langweilig, es ist offiziell das schlimmste Buch, das ich je gelesen habe. Verschwendet euer Geld nicht, indem ihr dieses Buch kauft.«

J-hotels, Amazon.com[204]

Die gute Nachricht für alle Lesemuffel: Es gibt ja auch die Kinofassung.

★☆☆☆☆

»Ich hoffe, dass der Film besser ist als das Buch. Das Buch ist nicht lesbar, weil viel zu viele Adverbien benutzt werden. Es ist einfach nicht gut geschrieben.«

John Johnson, Amazon.com[205]

## Die Bibel

Es ist das Buch der Bücher. Doch bei Amazon werden eben alle Produkte gleich behandelt. Da gibt es auch für die Bibel keine Ausnahme. Zu einer Einheitsübersetzung des Alten und des Neuen Testaments debattieren die Leser darüber, ob das Werk gelungen ist oder eher nicht. Die gebundene Ausgabe der Heiligen Schrift polarisiert. Die einen Kunden sind absolut begeistert, die anderen kritisieren die Dramaturgie und die Charaktere.

Doch schauen wir uns zunächst einmal an, was in den positiven Rezensionen so über die Bibel geschrieben steht:

★★★★★

»Die Story vereint actionreiche Science-Fiction mit mystischen Legenden.«

Jonas, Amazon.de[206]

★★★★☆

»Stellenweise hat das Buch zwar gewiss seine Längen; aber die verschiedenen Autoren des Werkes verstehen es geschickt, diese immer wieder durch spannende und actionreiche Kapitel auszugleichen und wettzumachen.«

Doctor Snuggles, Amazon.de[207]

Die Kommentatoren erkennen sogar Parallelen zu aktuellen Büchern. Auch wenn die Gemeinsamkeiten mit populären Fantasyserien wohl eher Zufall sind:

★☆☆☆☆

»Der Stoff klingt eigentlich wie ›Game of Thrones‹: Mord, Inzest, Vergewaltigung und Magie.«

CH0P1N, Amazon.de[208]

Da wird auch schnell mal vergessen, dass die Bibel eigentlich schon viel früher da war:

★☆☆☆☆

»Bin etwas enttäuscht. Erinnert doch stark an ›Das Leben des Brian‹. Fans der Thematik lege ich den Film als Original ans Herz.«

dlsh, Amazon.de[209]

Aber es gibt sie natürlich auch hier: Die Mecker-Meute, die mit dem Stoff in der Bibel einfach nichts anfangen kann.

★☆☆☆☆

»Narzisstischer Tyrann kontrolliert Erdbevölkerung. (...) Abgesehen von den verwirrenden Handlungssträngen gestaltet sich die Lektüre wegen endloser Darlegungen der Familienstammbäume von Nebenfiguren überaus ermüdend.«

panini, Amazon.de[210]

★☆☆☆☆

»Schlechte Story. Selten so ein langweiliges Buch gelesen.«

OneHundredFortySeven, Amazon.de

Neben den vielen fiesen Bemerkungen gibt es aber auch noch interessante philosophische Fragen, die jeden Theologen mit den Augen rollen lassen:

★★★☆☆

»Wozu ein altes Testament? Es gibt doch ein neues, das reicht völlig.«

Charlie Brown, Amazon.de[211]

# »Zu wenige Wölfe bei ›The Wolf of Wall Street‹«: Nutzer spotten über Filme

Filmliebhaber müssen jetzt ganz stark sein. Wenn man sich die Kommentare in diesem Kapitel durchliest, dann könnte man meinen, dass hochgelobte und preisgekrönte Kinohits wie »The Wolf of Wall Street« und »Birdman« gar nicht so großartig sind, wie alle sagen. Doch dieser Eindruck täuscht. Denn dieses verzerrte Bild entsteht nur deswegen, weil die Ein-Stern-Bewertungen der enttäuschten Kinogänger einfach sehr viel lustiger sind als die Lobeshymnen.

Also, bitte nicht irritieren lassen. Das hier ist nur ein winziger Ausschnitt aus Tausenden von Rezensionen. Die positiven Kommentare sind hier gar nicht erst vertreten.

Wer sich über die schlechten Bewertungen zu sehr aufregt, dem sei zur Entspannung die DVD mit Waschmaschinen-Impressionen empfohlen. Denn die Rezensenten sind von diesem Quatsch begeistert und loben nicht nur den beruhigenden Effekt, sondern auch die schauspielerische Leistung der Weißware.

## Waschmaschinen-Impressionen (DVD)

Ein gemütlicher Filmabend ist immer noch eine der besten Methoden, um den Alltag zu vergessen und sich richtig zu entspannen. Wer genug hat von Actionfilmen, Liebeskomödien und Kriegsdramen, der sollte sich einmal diesen Blockbuster hier anschauen: »Waschmaschinen-Impressionen – Round and Round«.

Der Film ist auf DVD erschienen, wird für knapp zehn Euro verkauft, läuft 72 Minuten lang und zeigt, wie 60-Grad-Wäsche gewaschen und geschleudert wird. Drei verschiedene Waschmaschinen kommen in dem Film vor, jede mit anderen Klamotten in der Trommel. Dazu läuft Musik.

Ganz schön dämlich, möchte man meinen. Doch unterschätzen Sie diesen Scherzartikel nicht. Die Filmkritiker bei Amazon setzen sich durchaus leidenschaftlich mit dem Inhalt der Doku auseinander und debattieren über die filmische Umsetzung des alltäglichen Anblicks in Waschküchen dieser Welt.

★★★★★

»Mir persönlich ging dieser Film sehr ans Herz, weil ich mir immer wieder die Frage stellen musste: Was, wenn das Waschpulver nicht richtig dosiert wird?«

Jörg Johanningmeier, Amazon.de[212]

★★★★★

»... führt geschickt in die Handlung ein, stellt seine Charaktere gezielt vor und steigert sich unaufhörlich bis zum Schluss. Man baut eine Beziehung zu den gezeigten Waschmaschinen und den Kleidungsstücken auf, teilt deren Leiden, Ängste, Sorgen und fühlt mit ihnen bis zum finalen Schleudergang.«

Andie, Amazon.de[213]

Die Rezensenten können sich kaum halten vor Lob und erkennen zwischen den Waschgängen auch Gesellschaftskritik:

★★★★★

»Betörend. Verstörend. Poetisch. Asketisch. Ein ergreifendes, zu Tränen rührendes und unfassbar spannendes Sozialepos.«

T. Estimonialis, Amazon.de[214]

Vor allem die Hauptdarsteller des Dokumentarfilms haben es den Kritikern angetan:

★★★★☆

»Man muss dazu anmerken, dass es sich dabei um noch völlig unbekannte Schauspieler handelt. Umso größer erscheint dadurch ihre schauspielerische Leistung.«

Kroni V., Amazon.de[215]

Die DVD ist mit einem Infoprogramm-Siegel gekennzeichnet, laut Jugendschutzgesetz beeinträchtigt der Film also nicht die Entwicklung oder Erziehung von Kindern und Jugendlichen. Eine Chance für viele Eltern:

★★★★★

»Während die Kinder bereits in den Keller gelaufen sind, um den Film mit unserer heimischen Maschine nachzudrehen, sitze ich immer noch zutiefst beeindruckt vor dem laufenden Fernseher und verarbeite das eben Gesehene.«

Aristoteles, Amazon.de[216]

★★★★★

»Billiger als jeder Babysitter.«

Sebastian D., Amazon.de[217]

Doch der Film polarisiert. Längst nicht alle Feuilletonisten sind damit einverstanden, wie der Regisseur den Stoff verarbeitet hat:

★☆☆☆☆

»Das Buch war besser. (...) Ich habe die DVD enttäuscht zurückgeschickt und tröste mich mit dem Gedanken an den baldigen Verkaufsstart von ›Dry Hard II – Ein guter Tag zum Schleudern‹.«

G. Pahl, Amazon.de[218]

★★★★☆

»Die hier vorliegende Pressung enthält weder die Original-Tonspur noch einen Kommentar des Regisseurs.«

ace, Amazon.de[219]

Einige Zuschauer lässt die Waschmaschinen-Doku sogar verstört zurück. Hinter den bunten Bildern vermutet dieser Kunde hier eine Verschwörung:

★☆☆☆☆

»Ich fühle mich an dunkelste Zeiten unserer Geschichte erinnert! Unterm Strich ist der Film – wenn auch gut getarnte – politische, tendenziöse Propaganda.«

Henna, Amazon.de[220]

## »Der König der Löwen« (Blu-Ray)

Kinder lieben den Disney-Klassiker »Der König der Löwen«. Die Geschichte rund um den Löwenjungen Simba gilt seit dem Erscheinungsjahr 1994 als weltweit erfolgreichster Zeichentrickfilm. Die liebenswerten Figuren, die emotionale Musik von Elton John und die rührselige Story sichern dem Film einen festen Platz im Blu-Ray-Regal.

Und während sich auf der britischen Seite des Versandhändlers Amazon die Ein-Stern-Kritiker vor allem darüber beschweren, dass die DVD in ihrem Laufwerk nicht funktioniere, hat ein Nutzer namens Mozzer einen gravierenden Filmfehler entdeckt:

★☆☆☆☆

»Unrealistisch. Es ist enttäuschend. Tiere sprechen oder singen doch nicht.«

Mozzer, Amazon.co.uk[221]

## »The Wolf of Wall Street« (Blu-Ray)

Der Hollywood-Star Leonardo DiCaprio spielt im Drama »The Wolf of Wall Street« den extrovertierten Börsenmakler Jordan Belfort, der mit windigen Geschäften sehr viel Geld verdient und mit seinen Mitarbeitern ausgelassene Partys mit viel Sex und Drogen feiert.

Der Film basiert auf einer wahren Geschichte. Doch nicht alle sind am exzentrischen Leben von Belfort interessiert. Zwar hat der Streifen insgesamt vier Sterne gesammelt bei Amazon. Es gibt aber auch einige Kritiker, die nicht so zufrieden waren mit dem Film:

★☆☆☆☆

»Drogen und Sex: Das ist der komplette Filminhalt. Die eigentliche Geschichte wäre in 15 Minuten erzählt.«

M., Amazon.de[222]

★☆☆☆☆

»Ermüdend langweilig aufgeblasener Porno-Klamauk.«

Kindle-Kunde, Amazon.de[223]

Vor allem ein Amazon-Kunde wurde bitter enttäuscht, als er die DVD einlegte:

★☆☆☆☆

»Es kommen keine Wölfe in diesem Film vor, obwohl der Titel dies vermuten lässt. Leider nur ein Stern, ich mag Wölfe.«

Sascha Og, Amazon.de[224]

## »Birdman« (Blu-Ray)

Bester Film, beste Regie, beste Kamera und bestes Originaldrehbuch: Der Film »Birdman« hat bei der Oscar-Verleihung im Jahr 2015 richtig abgesahnt. Der Spielfilm mit Michael Keaton in der Hauptrolle hat die Kritiker begeistert. Vor allem die technische Umsetzung erntete viel Lob, etwa die Übergänge zwischen den Szenen, die so wirken, als wären sie ohne Schnitt aneinandergereiht.

Doch das künstlerische Werk über einen abgehalfterten Hollywood-Schauspieler, der ein Stück am Broadway inszenieren will, gefällt längst nicht allen Filmfreunden. Die gnadenlosen Ein-Stern-Kritiker bei Amazon stellen »Birdman« ein katastrophales Zeugnis aus und raten davon ab, sich den Streifen anzuschauen:

★☆☆☆☆

»Furchtbarer Film. Falls ihr ihn kaufen solltet, verbrennt ihn.«

William T., Amazon.com[225]

★★☆☆☆

»Ich will die zwei Stunden meines Lebens zurück. Dieser Müll hat einen Oscar gewonnen?«

Dan, Amazon.com[226]

Aber warum denn so hartherzig? Woran liegt es denn nun, dass der Film bei einigen Kritikern so schlecht abschneidet?

★☆☆☆☆

»Einer der langweiligsten Filme, den ich je gesehen habe. (…) Hatte Mühe, mich wach zu halten. Selbst ein Stern ist noch zu viel.«

Ulf von Bargen, Amazon.de[227]

Und natürlich darf dieser Kommentar in der Sammlung der skurrilen Bewertungen nicht fehlen:

★☆☆☆☆

»Ich dachte, in diesem Film geht es um Vögel, natürlich war ich enttäuscht.«

brian, Amazon.com[228]

Spaßkommentare im Netz

## Das sagt Amazon zu den lustigen Bewertungen

Bei erkauften Bewertungen versteht Amazon keinen Spaß mehr. Im Oktober 2016 kündigte das Online-Versandhaus an, dass Beiträge gelöscht werden, sobald der Verfasser erkennbar vom Hersteller für eine positive Rezension belohnt worden ist. Amazon befürchtete, dass die Kunden das Vertrauen in das Bewertungssystem verlieren könnten. Die Folge: Das Online-Versandhaus löschte rund eine halbe Million Rezensionen[229], die unter anderem mit diesem Hinweis gekennzeichnet waren: »Ich habe dieses Produkt kostenlos oder günstiger erhalten im Austausch für meine ehrliche, unvoreingenommene Bewertung.« Solche bezahlten Meinungen sind nun verboten.

Da könnte man meinen, dass auch Spaßrezensionen das Bewertungsergebnis trüben. Schließlich geht es dabei um gute Gags und nicht um das Produkt selbst. In den Richtlinien weist Amazon darauf hin, dass »falsche, irreführende und unechte Beiträge« streng verboten seien.

Doch Spaßkommentare lässt Amazon gerne mal durchgehen. Zwar durchsuchen Algorithmen die Beiträge auf gewisse Schlagwörter und erkennen, wenn es sich um unsinnige Lyrik handelt. Doch auch Amazon-Mitarbeiter freuen sich offenbar über die Spaßbewertungen. Ein Amazon-Sprecher sagte auf Anfrage, dass man die Mühe schätze, die sich Kunden bei der Erstellung von Rezensionen machten. »Bei der Erstellung von Rezensionen übertreffen sich unsere Kunden in ihrer Kreativität gelegentlich selbst«, sagte der Sprecher. Die Kunden könnten die Nützlichkeit einzelner Rezensionen schließlich auch bewerten. Man behalte sich aber das Recht vor Rezensionen zu entfernen, die gegen die Richtlinien verstoßen.

Im britischen Amazon-Shop werden die witzigen Kommentare regelrecht gefeiert. Dort gibt es sogar eine Liste mit den lustigsten Bewertungen, die Amazon-Mitarbeiter selbst zusammengestellt haben.[230] Dort heißt es: »Gelegentlich schlägt die Kreativität der Nutzer über die Stränge, auf die schönste Art und Weise.« Es ist ein gutes Zeichen dafür, dass Amazon gnädig umgeht mit Spaßbewertungen und hoffentlich auch in Zukunft die witzigen Beiträge stehen lässt.

# »Mein Huhn ist der absolute Hit im Dorf«: Tierische Angebote

Keine Sorge, lebende Tiere werden nicht verkauft bei Amazon und Co. Zumindest noch nicht. Das ist die gute Nachricht. Die schlechte Nachricht: Die tierischen Angebote im Netz sind eigentlich noch viel schockierender. Für Safari-Fans etwa listen die Onlineportale so schräge Kuriositäten wie lebensgroße Nashörner auf, die man sich in den Garten stellen kann. Das Plastiktier bewegt sich natürlich keinen Meter weit. Aber diese kleine Nebensächlichkeit ignorieren die Nutzer und berichten aus dem lebhaften Alltag des ziemlich teuren Plastik-Rhinozeros.

Auch für Hobbylandwirte bietet das Gruselkabinett der Tier-Utensilien so einige Überraschungen. Und wir reden hier nicht von Klassikern wie Kuhglocken, Futtertrögen oder Melkmaschinen. Nein, wir haben uns die Warnwesten für Hühner herausgepickt. Diese schicke Leuchtbekleidung macht die Kommentatoren plötzlich alle zu erfahrenen Hühnerzüchtern, die von ihren schrägen Erlebnissen mit den Warnwesten berichten. Wozu man die Schutzwesten für die Hennen braucht, verraten wir in diesem Kapitel.

## Gigantisches Plastiknashorn

So klappt es mit dem Tierpark im eigenen Garten: Mit dem Kunststoffnashorn des Herstellers DecoAmbiente soll die Safari vor der eigenen Haustüre simuliert werden. Das Tier sieht zumindest in der Dämmerung genau so aus wie ein echtes Nashorn. Es ist lebensgroß und mit grauer Farbe handbemalt, wiegt mit 60 Kilogramm aber rund dreißigmal weniger als seine echten Artgenossen. Das Gewicht ist allerdings nur eine grobe Schätzung. Denn nach Angaben des Herstellers weiß man dort selbst nicht genau, wie viel das Plastiktier wiegt, da man es nicht geschafft habe, das Tier auf die Waage zu wuchten.

Der Produktbeschreibung zufolge eignet sich das Nashorn ideal für Wohnung und Balkon. Auch für den Garten sei die Figur geeignet, da sie aus dem wetterfesten Kunststoff Polyresin gefertigt sei. Fragt sich nur: Warum sollte man sich ein künstliches Nashorn in den Garten stellen? Oder in die Wohnung? Bevor man 4000 Euro für ein überdimensionales Plastikspielzeug ausgibt, sollte man sich diese Frage dringend stellen.

Einige Nutzer haben aber tatsächlich eine Verwendung für das Tier gefunden. Zumindest in der Theorie. Denn wirklich zugegriffen hat bei dem Preis keiner der Rezensenten. Es ist beinahe schade, dass diese netten Geschichten nur erfunden sind:

★★★★★

»Nach nur einer Woche rentierte sich das Nashorn. Es fing an, selbständig zu kochen und andere Hausarbeiten zu erledigen.«

Sercan, Amazon.de[231]

★★★★★

»Hannibal, wie ich den kleinen Racker nenne, ist ein wahrlich treuer Kamerad. (...) Er ist handzahm und stubenrein und hat sogar bereits nach einer Woche gelernt, die Klobrille hochzuklappen und die Spülung zu bedienen.«

The Scatman, Amazon.de[232]

Einige Amazon-Kunden stellen sich das Nashorn lieber vor das Haus. Der Nutzer David S. hält sich das Tier etwa, um sich vor der Giraffe des Nachbarn zu schützen, die ständig ihr Geschäft in seinem Garten verrichtet:

★★★★☆

»Super Wachhund! (...) Nachdem sich das Nashorn eingelebt hatte (die erste Woche durfte es mit im Bett schlafen), begann es auch sehr erfolgreich, sein Revier zu verteidigen.«

David S., Amazon.de[233]

Aber auch andere Besucher schreckt das Rhinozeros offenbar ab:

★★★★★

»Positiver Nebeneffekt: Ich bekomme jetzt seit einigen Monaten auch keinen Besuch mehr von der GEZ!«

Gerhard Klausbeck, Amazon.de[234]

Auch bei Gewichtsproblemen kann das Nashorn helfen. Ein Kunde schreibt, dass er sich am liebsten gleich zwölf Plastiktiere bestellen würde, um schlanker zu werden:

★★★★★

»Ich kämpfe schon seit längerer Zeit mit ein paar Kilos zu viel auf den Hüften! (...) Neben dem Nashorn sieht man wirklich aus wie eine Gazelle!«

Amazon Kunde, Amazon.de[235]

## Fotokalender zeigt Ziegen auf Bäumen

Fotokalender sind immer ein schönes Geschenk zu Weihnachten. Natürlich schaut niemand ernsthaft auf den Papierkalender, um zu erfahren, welcher Tag gerade ist. Aber es ist eben ganz hübsch, jeden Monat zu einem neuen Bild umzublättern. Die Klassiker sind Krabbelfotos vom Enkelkind, der Eiffelturm bei Nacht und das Strand-Sprungbild am Atlantik. Aber es geht auch anders.

Mit dem quadratischen Fotokalender »Ziegen auf Bäumen« verkauft der Verlag Browntrout Publishers genau das, was der Titel verspricht: Einen Kalender mit Fotos von Ziegen, die auf Bäumen herumklettern. Das trifft offenbar den Geschmack der Kunden.

★★★★★

»Ich habe mir extra zwei Kalender gekauft, um die Bilder mit Ziegen auf Bäumen auszuschneiden.«

lil bear, Amazon.com[236]

★★★★★

»Nachdem ich immer ein großer Fan von Ziegen und Bäumen war (jeweils getrennt), war ich freudig überrascht, ein Buch zu finden, das beide meiner Vorlieben vereint!«

Sergio, Amazon.com[237]

★★★★★

»Du magst Ziegen? Du magst Bäume? Du suchst nach etwas, damit sich Leute in deinem Büro fragen, warum? Nun, dann ist das der 2016er-Kalender für dich!«

Scully137, Amazon.com[238]

## Riesenschaukelpferd Pinolino

Das Schaukelpferd ist ein echter Spielzeugklassiker, der in vielen nostalgisch eingerichteten Kinderzimmern steht. Doch das Schaukelpferd Pinolino findet man eher selten in Wohnungen. Der Grund: Es ist mit einer Höhe von 1,74 Metern und einer Länge von 2,56 Metern einfach viel zu groß. Es wiegt außerdem 256 Kilogramm und ist richtig teuer.

Aufgrund der 2500 Euro, die das Pferd kostet, ist wohl auch kein verifizierter Käufer in den Bewertungen zu finden. Dennoch gibt es viele Amazon-Kunden, die sich über das Megaspielzeug amüsieren.

Manche Mütter sind offenbar sogar bereit, dafür einen Kredit aufzunehmen und das gesamte Kinder- und Elterngeld für das Pferd auszugeben – um es dann doch nicht ihrem Nachwuchs zu schenken:

★★★★★

»Eigentlich habe ich ja ein Schaukelpferd für meine sechs Monate alte Tochter gesucht, aber da sie mir in letzter Zeit eh immer alles wegnimmt und vollsabbert, habe ich nun endlich etwas gefunden, womit ich sie so richtig neidisch machen kann.«

Nobbi, Amazon.de[239]

Für Kinder scheint das Pferd wirklich nicht gedacht zu sein. Der Hersteller empfiehlt das Spielzeug zwar ab einem Alter von vier Jahren, aber die Erfahrungsberichte sind durchweg von Erwachsenen geschrieben:

★★★★★

»Einmal bin ich sogar mit nacktem Oberkörper geritten und habe mich dabei wie ein großer Staatsmann gefühlt.«

T. Estimonialis, Amazon.de[240]

Aber was macht der Schaukelpferd-Besitzer, wenn er gerne in der Wohnung reiten möchte, die Decke jedoch nur 2,50 Meter hoch ist? Es ist ein teurer Plan, den der Kunde in seiner Bewertung mit dem Titel »Versteckte Nebenkosten« beschreibt:

★★★★☆

> »Also habe ich kurz entschlossen auch die obere Wohnung angemietet, um einen Deckendurchbruch zu ermöglichen, damit die nötige Kopffreiheit beim Schaukeln stimmt.«
>
> Rene Boettcher, Amazon.de[241]

Es wird aber noch verrückter: Wenn man den Kommentaren glaubt, dann wechselt das Schaukelpferd mühelos von Trab in Galopp und springt über Hindernisse. Alles klar. Und was erst passiert, wenn ein Schreiner auch noch Flügel montiert:

★★★★★

> »Das Aufsteigen war anfänglich ein bisschen schwierig, aber seit es fliegen kann, stelle ich mich auf den Tisch, pfeife kurz und springe auf, wenn es vorbeifliegt.«
>
> Vielleser, Amazon.de[242]

Der Gedanke daran, mit einem riesigen Schaukelpferd durch die Wohnung zu fliegen, ist eigentlich schon schräg genug. Aber manche Kunden kommen auf richtig absurde Ideen:

★★★★☆

»Gute Grundlage für Lasagne. (…) Etwas holzig im Geschmack, aber dennoch überraschend gut.«

Jan, Amazon.de[243]

## Warnweste für Hühner

Wer kennt das nicht? Der Winter naht, und die Hühner laufen viel zu leicht gekleidet über die Wiese. Sie scharren mit ihren Krallen über den vereisten Boden und picken die letzten Körner auf. Auf der Suche nach Nahrung sind sie in der dunklen Jahreszeit kaum noch zu erkennen – und eine Gefahr für den Straßenverkehr.

Mit der Warnweste des Herstellers Omlet für 40 Euro sollen Hühner sicherer leben. Die Schutzweste gibt es in zwei Leuchtfarben, in Neongelb und Pink. Mit Klettverschlüssen lässt sich die Weste verschließen, das Material ist atmungsaktiv, und die Flectalon-Schicht auf der Innenseite soll die Hühner vor Kälte schützen.

Es ist aber vor allem die Leuchtfarbe, die bei den Hühner-Herrchen gut ankommt:

★★★★☆

»Durch die hervorragenden Leuchtfarben und die Reflexionsstreifen sind die Tiere nun auch bei schlechtem Wetter deutlich besser zu sehen, was den Autofahrern ermöglicht, zu bremsen oder auszuweichen. (…) Mein einziger Kritikpunkt an den Westen ist, dass sie nicht als Pyjama geeignet sind und jede Nacht ausgezogen werden müssen.«

Mark Hockner, Amazon.de[244]

Die Hühner können nun bedenkenlos durch die Luft flattern und sind dabei selbst in der Einflugschneise eines Flughafens sicher:

★★★★★

»Der Pilot ändert sofort den Kurs, wenn er eins meiner Hühner sieht. Danke.«

flashpoint, Amazon.de[245]

Dieser Kunde hat die Weste wirklich gekauft. Er ist zufrieden mit dem Ergebnis:

★★★★★

»Mein Huhn ist der absolute Hit im Dorf.«

Alexander Höfler, Amazon.de[246]

Die Weste lohnt sich den Bewertungen zufolge nicht nur für Hühnerfarmer. Auch für Familien ist dieses Kleidungsstück offenbar eine Bereicherung:

★★★★★

»Auch für die eigenen Kinder geeignet! (…) Dank der Westen können wir die Kleinen nunmehr beruhigt auch unbeaufsichtigt in den Garten lassen.«

Buntstifteessendes Heizungsventil, Amazon.de[247]

Aber Achtung, auch Hühner haben Gefühle. Wenn die Tiere zu wählerisch sind, dann wird das nichts mit der Sicherheit auf dem Hühnerhof:

★☆☆☆☆

»Meine Hühner wollen die Westen nicht anziehen. Scheinbar stehen sie nicht auf Pink.«

Frank N. Stein, Amazon.de[248]

Der Nutzer T. Estimonialis beklagt sich über die Standardgröße. Wie bitte soll denn eine Einheitsweste allen Hühnern passen? Das ist diskriminierend!

★★★☆☆

»Die Passform der Weste ist grundsätzlich gut, allerdings erwähnten einige etwas mollige Hühner auf Nachfrage ein gewisses ›Spannen‹ der Weste unter den Flügeln und im Brustbereich, insbesondere beim Einnehmen der Körnerpickhaltung. Entgegen der Werbeaussage des Herstellers können – jedenfalls auf meinem Hühnerhof – sich nur ganz wenige Hühner die Weste selbst anlegen beziehungsweise wieder ausziehen. Helfen sich die Hühner nicht gegenseitig, hat der Hühnerhalter entsprechend erhöhten Aufwand.«

T. Estimonialis, Amazon.de[249]

Amazon-Satiriker T. Estimonialis im Interview

## »Manche Hersteller provozieren die Spaßbewertungen förmlich«

*Ob Warnwesten für Hühner, Waschmaschinen-Impressionen auf DVD oder riesige Kaffeetassen: T. Estimonialis hat all diesen Amazon-Produkten eine Spaßbewertung verpasst und damit viele Kunden zum Lachen gebracht. Der 52-jährige Verwaltungsbeamte aus Niedersachsen ist mit mehr als 300 Rezensionen einer der eifrigsten Spaßrezensenten in Deutschland. Wir haben den Amazon-Nutzer gefragt, welche Produkte sich für Spaßbewertungen eignen – und was den Reiz an den lustigen Rezensionen ausmacht.*

Wie kam es dazu, dass Sie Spaßrezensent geworden sind?

Ich schreibe die Spaßkommentare meist dann, wenn mir langweilig ist. Mit der Warnweste für Hühner bin ich damals eingestiegen. Da habe ich mich regelrecht aufgefordert gefühlt, eine Spaßbewertung zu hinterlassen. Vor allem, weil der Hersteller auch noch Omlet heißt. Die provozieren ja förmlich, dass man sich über die Produkte lustig macht.

Welche Produkte eignen sich am besten für lustige Bewertungen?

Manche Angebote sind einfach so absurd, dass ich gar keine andere Wahl habe, als einen Spaßkommentar zu hinterlassen. Das gilt für viele Scherzartikel und komplett verrückte Produkte wie zum Beispiel das riesige Schaukelpferd. Bei manchen Angeboten wie Zehenringen, die beim Abnehmen helfen sollen, frage ich mich: Warum wird so etwas hergestellt, und wer soll das bei Amazon kaufen? Solche Angebote reizen mich am ehesten, einen ironischen Kommentar zu hinterlassen.

Was macht Ihnen so viel Spaß daran?

Es gefällt mir, solche Produkte mit wohlgewählten Worten und ironischer Art auf die Schippe zu nehmen. Ich mache das weniger für mich. Ich freue mich einfach, wenn andere Leute ihren Spaß daran haben. Es ist toll, wenn ich Rückmeldungen bekomme, ich hätte einen der lustigsten Kommentare verfasst, den die Nutzer jemals gelesen haben. Bei einigen wenigen Lesern merkt man aber, dass ihnen jegliche Fähigkeit fehlt, die Ironie zu erkennen. Da haben sich schon manche Kunden fürchterlich über mich aufgeregt.

Und was sagen die Anbieter zu Ihren Spaßkommentaren?

Ich denke, dass viele Hersteller von den lustigen Bewertungen profitieren, wenn die Sprüche im Netz die Runde machen. Ich will den Herstellern auch keinen Schaden zufügen, deswegen vergebe ich niemals nur einen Stern und gehe immer auf fünf Sterne. Wenn ich wirklich überhaupt nichts Positives finde an dem Produkt und es zerpflücken muss, dann vergebe ich mindestens drei Sterne.

Gibt es einen Wettbewerb unter den Spaßkritikern?

Es gibt nicht wirklich eine Szene und auch keinen Wettbewerb. Es sind Einzelpersonen, die Freude an solchen Bewertungen haben. Jeder macht da sein eigenes Ding. Manche Nutzer schreiben nur einmal im Leben eine Spaßrezension, andere machen das fast schon professionell. In den Foren spielen solche lustigen Bewertungen aber kaum eine Rolle. Mit geht es auch nicht um einen sportlichen Wettbewerb. Ich habe nur den Anspruch, geschickt zu formulieren. Mein großes Vorbild ist der Satiriker Ephraim Kishon, der sehr pointierte, lustige Kurzgeschichten geschrieben hat.

# »Ich verbrenne fast, so heftig ist das Zittern«: Das Scherzartikel-Sortiment

Jeder kennt Furzkissen, Stinkbomben und Juckpulver. Aber das ist längst nicht alles, was das Scherzartikel-Sortiment im Internet zu bieten hat. Einhorn aus der Dose, 4-Liter-Kaffeetassen und Zensurbalken-Brillen: Diese Produkte sind alles andere als alltäglich – und genau das aktiviert die Kreativität der Nutzer bei Amazon. Sie berichten in ihren Spaßkommentaren davon, wie sie Bewerbungsgespräche verpatzten, wo sie ihre Drogen verstecken und wie sie nach einer riesigen Tasse Kaffee auf der Intensivstation landen.

Und seien Sie gewarnt: Es wird auch ein wenig vulgär. Denn das »Scheiße-Quartett« und die Schokocreme mit dem Namen »Stuhlgang« regen zu Beiträgen in Fäkalsprache an. Neben derben Sprüchen finden sich hier aber auch ein paar gute Tipps, wie man seine Freunde mit der Schokocreme schocken und sein Fachwissen über Fäkalien ausbauen kann. Oder wussten Sie etwa, was ein Sackabklatscher und eine Staudammwurst sind? Sie können es sich vermutlich denken.

Aber wer konnte ahnen, dass man mit Ausscheidungen

sogar gegeneinander antreten kann – in einem Quartettspiel? Und bei solch einer Steilvorlage lassen die Online-Kritiker nicht lange auf sich warten. Sie loben eifrig die Idee, machen Verbesserungsvorschläge – und weisen auf Orte hin, an denen man dieses Spiel besser nicht auspackt.

## Das Scheiße-Quartett

Kartenspiele sind in der Regel ein Spaß für die ganze Familie. Dieser Freizeitspaß ist allerdings nicht unbedingt familientauglich. Denn das »Scheiße-Quartett« für sieben Euro lässt keine Autos gegeneinander antreten – sondern die »Staudammwurst« misst sich mit dem »Sackabklatscher«. Bei den Kriterien geht es nicht um PS und Geschwindigkeit, sondern darum, den Gegner mit der größeren Menge, der geringeren Abwisch-Anzahl und dem niedrigeren Schmerzfaktor auszustechen. Dieser Fäkal-Humor inspiriert die Kunden bei Amazon zu derben Kommentaren unter der Gürtellinie.

Die meisten Nutzer sind begeistert von dem Quartett. Auch wenn offenbar kaum einer das Spiel für sich selbst gekauft – sondern nach eigenen Angaben lieber gleich an Kollegen und Freunde verschenkt hat:

★★★★★

»Wer Kacke mag, wird dieses Spiel lieben!«

Tobias Einsiedel, Amazon.de[250]

★★★★★

»Genau das, was man seinen besten Freunden eben zum Geburtstag schenkt!«

Johannes Lipp, Amazon.de[251]

★★★★☆

»Großer Spaßfaktor, auch für verklemmte Intellektuelle und Spaßbremsen!«

Arno und Sibylle Zimmermann, Amazon.de[252]

Aber es ist eben auch ein Thema, über das man nicht so gerne in der Öffentlichkeit spricht. Umso besser, dass dieses Spiel endlich einen Anlass bietet, ausführlich mit seinen Freunden über Toilettenerlebnisse zu diskutieren:

★★★★★

»Der Kracher auf jeder Party. (...) Die einzelnen Kategorien wurden auch Tage später noch analysiert.«

Antje Pflips, Amazon.de[253]

★★★★★

»Kacken macht wieder Spaß! (...) Mit den tollen Karten kann man jetzt seine eigenen Haufen vergleichen und herausfinden, was man gerade für ein Ei gelegt hat.«

Rumpelstilzchen, Amazon.de[254]

Die Frage ist: Handelt es sich auf den Spielkarten nur um erfundene Kontrahenten, oder ist das Spiel durchaus realistisch?

★★★★☆

»Im wahrsten Sinne des Wortes Scheiße. Jedoch muss ich sagen, dass ich nicht alle Karten aktiv miterlebt habe.«

Kay, Amazon.de[255]

★★★★★

»Hab es letztens mit Freunden im Zug gespielt. Habe mich selten so geschämt!«

Felix P., Amazon.de[256]

Aber es gibt auch kritische Stimmen zum Quartett. Manche Karten seien einfach zu stark, heißt es, manche Formen des Stuhlgangs fehlten noch im Angebot:

★★★★★

»Für meinen Teil hätten Dauerausscheider, Dixi-Dusche und Randvoll-Toilette noch Platz gehabt.«

Zwän, Amazon.de[257]

★★★★☆

»Damit auch die, die das Spiel noch nicht kennen, mir folgen können: Idealschiss ist einfach eine zu mächtige Karte. Wer über Idealschiss verfügt, der hat damit das Scheißspiel quasi gewonnen.«

LB, Amazon.de[258]

Und auch wenn das Spiel offenbar ein beliebtes Geschenk ist – es eignet sich nicht für jedes Familienmitglied als Weihnachtsgeschenk:

★★★★☆

»Witzig, wenn auch teuer (...) Ist natürlich jetzt nichts, was ich meiner Oma unter den Baum legen würde.«

P. J., Amazon.de[259]

## Schokocreme »Stuhlgang«

Wenn wir uns schon über das Geschäft unterhalten, dann schauen wir uns doch auch gleich mal diese Schokocreme hier an. Wer gerne Nuss-Nougat-Creme zum Frühstück isst, der weiß, dass der braune Scherzartikel-Aufstrich genau die richtige Farbe hat. Das Glas ist mit einem schlichten Etikett bedruckt, auf dem in Großbuchstaben »Stuhlgang« geschrieben steht. Der Untertitel lautet: »Mit Kakao-Geschmack«. Es ist nicht leicht, sich bei diesem Anblick darauf zu besinnen, dass wirklich nur Nuss-Nugat-Creme in dem Behälter steckt.

Das fällt auch den Amazon-Nutzern schwer. Dennoch diskutieren sie munter über das Streichverhalten und die Cremigkeit der braunen Masse. Bei dieser Diskussion verliert man schnell den Appetit. Man sollte sich daher immer wieder ins Bewusstsein rufen, dass es sich nur um Schokocreme mit irreführender Beschriftung handelt:

★★★★★

»Morgens erst mal ein entspannender Stuhlgang! (...) Schmeckt mir am besten am Küchentisch.«

Kalthoras, Amazon.de[260]

★★★★★

»Gute Konsistenz, feiner Geschmack, guter Geruch und schmiert gut. Lecker und reichhaltig!«

C. N., Amazon.de[261]

★★★★★

»Der Geschmack ist eher nussig, und im Abgang ist der Stuhl sehr geschmeidig. (...) Alles in allem ein gesunder Kot, der wunderbar gereift ist.«

Eve-Outtakes, Amazon.de[262]

So, genug über Geschmack gesprochen. Denn es gibt auch einen ganz praktischen Nutzen:

★★★★★

»Es hält lange, da sich kaum einer traut, die Schokolade noch zu essen.«

Derya S. Y. Plum, Amazon.de[263]

Manchen Nutzern reicht der Etikettenschwindel aber nicht aus. Sie wollen sich den Stuhlgang nicht nur aufs Brot schmieren, sondern auch Freunde schocken:

★★★★★

»Ein bisschen auf Klopapier schmieren und am Schuh befestigen, wenn man das Bad verlässt. Wenn man dann darauf angesprochen wird, einfach aufheben und ablecken.«

Akaino, Amazon.de[264]

Ein böser Streich. Und damit haben wir auch genug über Stuhlgang geredet. Widmen wir uns nun einem anderen Thema.

## Schreddergeld aus Scheinen im Wert von 500.000 Euro

Wer zeigt sich nicht gerne großzügig bei Hochzeiten und Geburtstagen? An guten Freunden will man schließlich nicht sparen. Da klingt es doch zunächst sehr verlockend, eine halbe Million Euro zu verschenken. Vor allem, wenn das Geld nur 25 Euro kostet. Doch natürlich hat der Scherzartikel einen kleinen Haken: Bei dem Geld handelt es sich um ausrangierte Euroscheine, die außerdem in winzige Papierschnipsel zerhäckselt worden sind.

Früher handelte es sich bei den Schnipseln wirklich einmal um Banknoten, die allerdings verschmutzt oder beschädigt worden waren. Die Deutsche Bundesbank hat diese Scheine aus dem Verkehr gezogen und zerstückelt. Das Geld-Konfetti wird in einem durchsichtigen Plastikgehäuse geliefert. Ob die Schnipsel wirklich eine halbe Million Euro ergeben, wenn man sie zusammensetzt? Wenn man sich die Kommentare so anschaut, haben das einige Amazon-Nutzer mit dem Schreddergeld-Barren wirklich ausprobiert:

★★★★★

»Nach vier Jahren Puzzeln bin ich endlich fertig, und zu meinem Erstaunen musste ich feststellen, dass es nur 489.000 Euro sind.«

Romeo, Amazon.de[265]

★★★★★

»Ich hab das Puzzle gelöst und kann mir nun 27.027 neue Barren kaufen und habe dann immer noch 50 Cent übrig.«

KHH, Amazon.de[266]

Anderen ist das zu anstrengend. Sie fragen lieber ihre prominente Verwandtschaft, ob sie helfen können:

★★★★★

»Habe diese Box eigentlich als Geschenk für meinen Onkel Daniel Düsentrieb gekauft. Dank seiner pfiffigen Sortiermaschine sind wir nun Millionäre.«

Felix S., Amazon.de[267]

Und wieder andere Kunden sparen einfach ziemlich viel Geld mit diesem Produkt:

★★★★★

»Wunderbar. Bis dato musste ich meine Schreddergeld-Barren immer aus meinem selbstverdienten Geld machen.«

epic-fail, Amazon.de[268]

Der Hersteller liefert mit dem Barren sogar ein Zertifikat, das die Echtheit der Scheinschnipsel bestätigt. Allerdings hat sich die Bundesbank für den Fall vorbereitet, dass ein findiger Käufer tatsächlich einen zusammengeklebten Schein vorlegen sollte. Die Regel lautet: Wer eine zerstörte Banknote umtauschen will, der muss mehr als die Hälfte des Scheins am Stück mitbringen – oder nachweisen, dass der fehlende Fetzen zerstört wurde. Und das dürfte allein mit Schreddergeld ziemlich schwierig werden.

## Zensurbalken-Brille

Anonymität für fünf Euro: Mit der Zensurbalken-Brille soll das möglich sein. Dabei ist das Gadget nichts weiter als ein schwarzer Kunststoff-Balken mit zwei Bügeln, den man sich wie eine Brille auf die Nase setzt. Die Augenpartie wird verdeckt wie bei einem mutmaßlichen Verbrecher oder einem Unbeteiligten, der in der Zeitung mit einem schwarzen Balken unkenntlich gemacht wird. Der Scherzartikel ist für Partys gedacht, für Fotoboxen auf einer Hochzeit und für lustige Bilder, die man zusammen mit seinen Freunden knipst.

Während sich einige Käufer ernsthaft über die Qualität des Produkts unterhalten, überlegen sich die anderen Kommentatoren lieber, was man mit der Brille für Blödsinn anstellen kann. So schreibt ein Nutzer, dass es mit dem Nachbarn nun nicht mehr so gut klappe. Das Problem an der Brille sei, dass sein Nachbar ihn nicht wiedererkenne – und er auch seinen Nachbarn nicht durch den schwarzen Balken. Dafür könne man Unfug treiben, ohne dabei erkannt zu werden.

★★★★☆

»Im Vorstellungsgespräch kam die Brille allerdings nicht so gut an. Egal, ich wurde ja nicht erkannt.«

Matze, Amazon.de[269]

Ja, einige Kunden haben den Balken wirklich gekauft und können somit aus Erfahrung berichten, ob der Scherzartikel für den Alltag taugt. Dabei stellt sich heraus, dass die Brille eher nicht für den Skiurlaub und entspannte Tage in der Südsee geeignet ist.

★★★★☆

»Als kleiner Scherz für eine Feier oder Ähnliches ist es o.k. (...) Die ›Brillengläser‹ sind wirklich sehr dunkel und bieten keinen UV-Schutz.«

Markus, Amazon.de[270]

★★★★★

»Die Brille drückt auf die Dauer ein kleines bisschen auf der Nase, aber das ist in Anbetracht der erkauften Anonymität absolut verschmerzbar.«

David Y., Amazon.de[271]

Ein prominenter Nutzer, der es gerne mal krachen lässt auf Partys und danach öfter mal auf Titelseiten der Boulevardblätter erscheint, erspart den Journalisten nach eigenen Angaben mit dieser Brille die Arbeit. Er setzt sich bei seinen ausufernden Partys einfach gleich den Zensierbalken auf, damit die Redakteure sein Gesicht nicht extra verpixeln müssen. Einige Reporter seien so erfreut darüber, dass sie sich sogar persönlich bei ihm bedankten:

★★★★★

»Ein Reporter hat mich daraufhin sogar am nächsten Tag mit einem Strauß Brokkoli in der Ausnüchterungszelle besucht – so begeistert war er!«

Psyx, Amazon.de[272]

Manche Kunden sind hingegen nicht ganz so überzeugt von ihrem Aussehen oder wollen auf Fotos schlichtweg nicht erkannt werden. Auch in diesen Fällen kann die Brille helfen.

★★★★★

»Nie wieder muss ich im Urlaub den Kopf in den Sand stecken, wenn Fotos gemacht werden.«

Werner Lorbas, Amazon.de[273]

## 4-Liter-Riesenkaffeetasse

Die Deutschen lieben Kaffee. Der tägliche Koffeinkick erleichtert den Start in den Tag und hilft durch das Mittagstief. In Büroküchen ist der Vollautomat wichtiger als ein Kühlschrank, und mit Kollegen verabredet man sich nicht auf ein Bier oder auf ein Glas Wasser, sondern auf einen Kaffee in der Kantine. Pro Kopf trinken die Deutschen laut Kaffeeverband im Durchschnitt mehr als 160 Liter im Jahr. Ganz schön viel. Aber wenn man sich die Tasse des US-Scherzartikelherstellers Archie McPhee bei Amazon anschaut, dann wirkt die Menge nicht mehr ganz so gewaltig. Denn um unseren Jahreskonsum zu erreichen, genügen 40 dieser Riesentassen. Nicht umsonst bezeichnen die Hersteller das Gefäß als »größte Tasse der Welt«.

Rund 70 Euro kostet die Monstertasse, die auf dem Vorschaubild fast den kompletten Körper des Kaffeemodels überdeckt. Der Mann mit Hemd und Krawatte benötigt beide Hände und ordentlich Kraft in den Oberarmen, um daraus zu trinken. Ob das überhaupt funktioniert, ohne sich komplett mit Kaffee zu überschütten? Eher nicht. Immerhin passen laut Hersteller insgesamt 20 normale Kaffeetassen hinein.

Die Augen des Models sind so weit aufgerissen, als hätte er vor dem Fotoshooting schon eine Tasse vernichtet. Aber trotz der gesundheitlichen Risiken sind die Kommentatoren bei Amazon dem Hersteller unterm Strich offenbar sehr dankbar für den massiven Koffeinschock, den sie sich mit dieser Tasse verpassen können. Die Bewertungen summieren sich auf 4,5 Sterne.

★★★★★

»Habe es doch wirklich geschafft, diese Rezension in weniger als einer Nanosekunde zu schreiben. (…) Alles perfekt, bis auf dass Kaffee langsam teuer wird, weil ich pro Tag mindestens zehn Tonnen Kaffee verbrauche.«

Sterioracer, Amazon.de[274]

Es sieht aber so aus, als wirkten sich vier Liter Kaffee doch auch schädlich auf das zentrale Nervensystem aus:

★★★★★

»OOOAH, ich habe in den letzten Stunden SO VIEL KAFFEE getrunken. Ich fühl mich SO GUT. AAAAHA-

HAHAHAA. Alles vergeht in ZeitLUPE. WOOOOO-HOOO. Ich verbrenne fast, so heftig IST DAS Zittern.«

El Geisto, Amazon.de[275]

Und auch für Familienmitglieder kann die Tasse durchaus gefährlich werden:

★★★☆☆

»Wäre ein Rettungsschwimmer oder wenigstens ein Rettungsring und Schilder inklusive, die auf die Gefahren hinweisen, wäre ich restlos von der Archie-Mc-Phee-Tasse überzeugt.«

caro, Amazon.de[276]

Bis zu vier Tassen Kaffee am Tag sind laut Ärzten in Ordnung. Eine höhere Dosis kann zu Reizbarkeit, Unruhe und Schlafstörungen führen. Oh, eine Gefahr für die Gesundheit? Dann lieber nicht so viele Tassen, dann ist auch der Arzt zufrieden:

★★★★★

»Nachdem mein Arzt zu mir sagte, dass mein Kaffeekonsum von fünf Tassen täglich zu hoch sei und ich das dringend ändern sollte, habe ich mir diese Tasse bestellt.«

J. Weiss, Amazon.de[277]

★☆☆☆☆

»Liege seit drei Wochen auf der Intensivstation, nachdem ich mir ein Tässchen genehmigt habe. Langsam normalisiert sich mein Blutdruck wieder.«

Thomas, Amazon.de[278]

Nicht nur der Arzt ist zufrieden, wenn der Patient nur noch eine Tasse pro Tag trinkt. Auch Unternehmen können laut Angestellten davon profitieren, wenn überdimensionale Tassen in der Kaffeeküche stehen. So schleppen sich die Mitarbeiter nicht mehr müde durchs Büro, sondern spurten im Koffeinrausch über die Flure. »Endlich nicht mehr schlafen«, schreibt ein Nutzer über die Tasse und lobt die positiven Effekte für den Konzern:

★★★★★

»Dank dieser neuen Tasse konnte ich die Wegzeit minimieren und muss pro acht Stunden Arbeitstag nur noch sechs Mal zum Kaffeeautomaten eilen.«

Karl-Heinz, Amazon.de[279]

Manche Mitarbeiter wollen eben einfach nur sparen beim Kaffee in der Kantine:

★★★★★

»Bei uns in der Firma haben sie nun die Preise für eine Tasse Kaffee von 15 Cent auf 20 Cent erhöht. Doch nun, nachdem ich auf diese Tasse gestoßen bin, kann ich endlich wieder genießen und lachen.«

DAVI83, Amazon.de[280]

Doch es ranken sich auch Verschwörungstheorien um die Riesentasse. Ist das Gefäß gar nicht die größte Tasse der Welt, sondern das Produktbild irreführend?

★★★★★

»Ist womöglich Archie McPhee der kleinste Mann der Welt?«

T. Estimonialis, Amazon.de[281]

## Traubenzucker und Tee in »Koks«- und »Gras«-Dosen

Bei der nächsten Hausdurchsuchung müssen die Ermittler nicht mehr alle Schränke öffnen und Schubladen durchwühlen: Auf den beiden Kunststoffgläschen steht der Drogenhinweis gleich auf dem Etikett. Natürlich verschickt Amazon keine echten Drogen in den »Koks«- und »Gras«-Behältern. Statt Marihuana und Kokain hat der Hersteller grünen Tee und Traubenzucker in die Dosen gefüllt.

Der Scherzartikel für 14 Euro ist aber eine Steilvorlage für die Kommentar-Komiker, die ihre ganz eigenen Pläne mit den falschen Drogendosen haben:

★★★★★

»Klasse Tarnprodukt! (…) Nun kann ich meine echte Ware viel unauffälliger verstecken, ohne lästige Durchsuchungen.«

Nico Siedler, Amazon.de[282]

Es sind wirklich keine echten Drogen. Da hilft es auch nicht, verschiedene Methoden des Konsums auszuprobieren.

★★★☆☆

»Yo, lasst die Finger davon. Das Zeug ist derbe gestreckt, vergesst es. Rauchen, Ziehen, Spritzen: Ich habe alles ausprobiert. (...) Kauft lieber bei Heisenberg.«

Martin D, Amazon.de[283]

★☆☆☆☆

»So ein Dreck. (...) Ich habe mir diese Produkte bestellt, da mir die Schwarzmarktpreise für diese Substanzen einfach zu hoch sind. (...) Nach insgesamt 10 Joints und 3 Bong-Köpfen war ich immer noch komplett nüchtern.«

Felix Wolz, Amazon.de[284]

## Einhorn aus der Dose

Einhörner sind beliebt, selten und lecker. Vielleicht. Denn wir wissen nicht, wie diese Fabeltiere wirklich schmecken. Aber dafür gibt es ja das Einhornfleisch aus der Dose bei Amazon. Etwas mehr als zehn Euro kostet die Dose, die der Verpackung des in den 1930er Jahren weit verbreiteten Dosenfleischs »Spam« nachempfunden ist – seit damals übrigens auch der Namensgeber für überflüssige E-Mails im Posteingang.

Doch Tierschützer können beruhigt aufatmen: Es ist

kein Einhorn gestorben für den Inhalt des Artikels. In der Dose liegt ein Stofftiereinhorn, das in seine Einzelteile zerlegt ist. Für Kinder ist das Geschenk aber nicht unbedingt geeignet. An der heraushängenden Zunge, den X-Augen und den abnehmbaren Gliedmaßen des Einhorns erkennt man, dass das Stofftier tot sein soll. Aber die Nutzer hält das makabre Geschenk selbstverständlich nicht von ein paar ironischen Bemerkungen ab:

★★★★☆

»Esst davon nicht zu viel auf einmal! Ich hatte eine Woche lang Regenbogen-Durchfall. Das Geschäft roch nach Hoffnungen und Träumen.«

Irma Gerd, Amazon.com[285]

★★★☆☆

»Es ist viel zarter als der Zentaurus, den ich gegessen habe, und weniger zäh als der Faunus.«

mark e, Amazon.com[286]

Vorsicht vor den Nebenwirkungen. Regenbogenpupsen ist nur ein möglicher Effekt, den das Einhornfleisch bei Menschen verursachen kann:

★★★★★

»Nachdem ich die Dose geöffnet hatte, wurde ich ins Krankenhaus gebracht, weil ich einen grünen Star von dem ganzen Glitter bekommen habe.«

Marie E., Amazon.com[287]

Und denken Sie daran: Nicht alle werden erfreut sein, wenn Sie Einhorn aus der Dose essen.

★★★★★

»Vorsicht vor den Feen, die mit Sicherheit gegen das Essen von Einhornfleisch protestieren werden.«

Coyotesings, Amazon.com[288]

# »Präziser als die Stimmen in meinem Kopf«: Die verrücktesten Online-Produkte

Wer an dieser Stelle des Buches denkt, er hätte alle verrückten Produkte im Online-Angebot gesehen: falsch gedacht! Auf der Resterampe der Amazon-Angebote liegen noch etliche skurrile Dinge, die man sich in seinen kühnsten Träumen nicht ausdenken kann. Etwa ein Stützhocker, der den Darm entspannen und beim großen Geschäft helfen soll – und von dem die Nutzer vor allem deshalb so begeistert sind, weil ein putziges Einhorn für das Toiletten-Tool wirbt.

Und wer bitte ist so wahnsinnig und kauft Uranerz in der Dose, um seinen Geigerzähler zu testen? Und welcher Verschwörungstheoretiker stellt sich in seinem Wohnzimmer eine sogenannte Akasha-Säule für mehrere Tausend Euro auf, um vermeintliche Chemtrails zu zerstäuben?

Ja, ganz ehrlich: All diese Produkte gibt es im Internet zu kaufen. Hoffen wir, dass es nicht viele Kunden gibt, die zugreifen, wenn radioaktives Material im Angebot ist – und das Döschen in ihrem Büroschreibtisch aufbewahren. Aber wir freuen uns sehr darüber, dass die Kommentarspalten unter diesen Produkten gut gefüllt sind mit phantasievollen Geistesblitzen und derbem Humor.

Die Nutzer zeigen sich keineswegs erstaunt darüber, dass es diese Produkte gibt. Sie kramen tief in ihren Kindheitserinnerungen und verpacken die Rezensionen in lustige Anekdoten. In diesem Kapitel ist es hilfreich, wenn man in den Neunzigerjahren öfter mal TV-Serien geschaut hat, die Geschichte der »Teenage Mutant Ninja Turtles« kennt und weiß, dass Einhörner und Regenbogen untrennbar zusammengehören.

## Ufo-Detektor

Etwa 80 Euro kostet das Gerät bei Amazon, das aussieht wie eine abgesägte Regenrinne aus durchsichtigem Plexiglas. Am Boden der Kunststoffkapsel ist eine Platine verklebt, darauf sind mehrere rote Leuchtdioden verlötet. Das Versprechen des Herstellers: Mit dem Ufo-Detektor lassen sich ungewöhnliche elektromagnetische Wellen messen, die auf die Ankunft von Außerirdischen hinweisen könnten.

Alles ist demnach im grünen Bereich, so lange das blaue Lämpchen leuchtet. In diesem Fall prüft der Ufo-Detektor lediglich die Umgebung. Sobald sich aber Außerirdische mit ihren Raumschiffen nähern, so der Hersteller, dann leuchten die roten Dioden. Dann ist es so weit, und man sollte sich bereit machen für eine unheimliche Begegnung der dritten Art.

Stattdessen machen sich die Nutzer aus diesem Gerät eher einen großen Spaß. Sie fragen nach, ob zusätzlich ein Geister-Detektor eingesetzt werden könne, ohne den Empfang zu stören. Nutzer tyler198 antwortet auf diese Frage: »Sie werden sich nicht in die Quere kommen, aber ein dauerhafter Einsatz der beiden Geräte, während eine Mikrowelle läuft, könnte zu Hämorrhoiden führen.«[289]

Unterdessen tauschen die Ufo-Jäger in den Kommentaren ihre Erfahrungen mit dem Messgerät aus:

★★★★★

»Dieses kleine Ding ist den doppelten Preis wert und viel präziser als die Stimmen in meinem Kopf.«

R. J. Reid, Amazon.com[290]

★★★★★

»Aliens sind ständig in mein Haus eingebrochen und haben Kekse aus meiner Keksdose gestohlen. Nun gehen sie rüber zu meinen Nachbarn. Ich liebe es!«

Big D, Amazon.com[291]

Bei aller Begeisterung sollten die Anwender aber nicht zu viel erwarten von der Kapsel – und sich vor allem das Handbuch genau durchlesen, um keine bösen Überraschungen zu erleben:

★★★★☆

»Natürlich funktioniert es, aber schützt euch nicht davor, entführt zu werden.«

John Shannonhouse, Amazon.com[292]

★★★★★

»Es leuchtet jedes Mal auf, wenn ich in die Nähe komme. Was bedeutet das?«

John W., Amazon.com[293]

Doch es gibt durchaus auch kritische Stimmen, die vor einem Kauf warnen:

★☆☆☆☆

»Ich weiß nicht, ob es sich um Betrug handelt oder ob mein Gerät kaputt war, aber es funktioniert nicht, und ich werde immer noch ständig von Ufos entführt.«

Cyphis, Amazon.com[294]

★☆☆☆☆

»Kein Interesse. Ruft mich an, wenn ihr ein Gerät entwickelt habt, das Vertreter an der Haustüre erkennt. Dann zahle ich den doppelten Preis.«

Gus, Amazon.com[295]

★★★★★

»Ich mache mir Sorgen. Meins schaltet sich nur ein, wenn Justin Bieber im Fernsehen zu sehen ist.«

Gorblimey2, Amazon.com[296]

Nicht nur Fans von Außerirdischen unterhalten sich über das Produkt. Auch Lobbyisten der Aliens mischen sich in die Diskussion ein und versuchen, die Kunden davon abzubringen, sich den Detektor anzuschaffen:

★☆☆☆☆

»Ufo-Detektoren sind so dumm, weil alle Erdenmenschen wie ich wissen, dass wir – ich meine sie – nicht einmal existieren. Haha.«

A Trustworthy Human, Amazon.com[297]

★☆☆☆☆

»Muahahahahaha! Dumme Erdlinge. Schrott wie das hier ist der Grund dafür, dass wir nicht nur unter euch sind, sondern auch eure kleine vermüllte Welt einstampfen werden.«

Mr, Amazon.com[298]

## Uranerz aus der Dose

Es gibt bei Amazon viele verrückte Produkte zu kaufen. Doch das hier ist wirklich ziemlich irritierend: Der Versandhändler hat Uranerz aus der Dose im Angebot. Und ja, das kleine Steinchen in der Dose ist wirklich radioaktiv. Das Uranerz hat zwar nur einen geringen Strahlenwert. Dennoch sollte man sich gut überlegen, das Material in der Hosentasche herumzutragen. Denn die Menge reicht aus, um einen Geigerzähler zum Ausschlagen zu bringen.

Den Nutzern ist egal, wie gefährlich die unsichtbare Strahlung für den menschlichen Körper sein soll. Ganz im Gegenteil: Sie legen noch eine Schippe drauf und dichten dem Uranerz aus der Dose radioaktive Superstrahlung an. Sie erfinden Goldfische, die aus dem Aquarium klettern, Sandwiches, die zum Leben erwachen, und vier Schildkröten, die von einer Ratte zu Ninja-Kämpfern ausgebildet werden.

Daher gilt als ganz allgemeiner Hinweis an alle potentiellen Käufer: Lassen Sie das Uranerz nicht in der Nähe Ihrer Haustiere liegen. Dieser Nutzer schreibt, er habe die Dose neben seiner Eidechse abgestellt – und bereut den Fehler nun:

★★★★★

»Dummerweise ist sie nun 350 Fuß hoch und zerstört gerade Tokio, Japan.«

Lawrence Gonzalez, Amazon.com[299]

Der folgende Kommentar klingt eher wie eine Warnung und nicht wie eine Bewertung des radioaktiven Produkts:

★★★☆☆

»Ameisen! Riesige Ameisen! Rennt um euer Leben!«

Amazon Customer, Amazon.com[300]

Das gilt übrigens auch für Labormäuse, die in einem Käfig gehalten werden. Dieser Nutzer schreibt, dass er das Uranerz für seine zwei Mäuse gekauft habe. Könnte es sein, dass eine davon ziemlich clever und die andere ziemlich verrückt geworden ist? Er schreibt:

★★★☆☆

»Alles, was sie machen wollen, ist: ›Die Weltherrschaft an uns reißen!‹«

Amazon Customer, Amazon.com[301]

Die Comictierchen aus der Serie »Pinky und der Brain« lassen grüßen. Doch es passieren scheinbar auch ganz sonderbare Dinge, wenn man das Material nicht seinen Tieren verabreicht, sondern selbst täglich einen Löffel zu sich nimmt:

★★★★★

»Ich kann diese Rezension nun mit allen meinen zwölf Fingern schreiben.«

Jammer, Amazon.com[302]

★★★★★

»Ich empfehle dieses Ding auf jeden Fall. Mein zweiter Kopf nickt zustimmend.«

Andrew, Amazon.com[303]

Das Döschen mit dem radioaktiven Material eignet sich aber auch für einen kleinen Scherz unter Chemie-Nerds:

★★★☆☆

»Ich habe dieses Produkt vor 4,47 Milliarden Jahren

gekauft, und als ich es heute geöffnet habe, war es halb leer.«

Patrick J. McGovern, Amazon.com[304]

Wer sich von einer Uranerz-Behandlung verspricht, eines Tages zum Superhelden zu werden, sollte vielleicht über alternative Methoden nachdenken. Das hat zwar bei den Comichelden Spiderman und Radioactive Man geklappt. Aber die Rezensenten klingen nicht so begeistert von den Auswirkungen der Strahlung:

★☆☆☆☆

»Meine Superkräfte sind Darmkrebs und die Fähigkeit, Farben zu riechen. Wie soll ich damit Verbrechen bekämpfen?«

Matt Agnostos, Amazon.com[305]

★☆☆☆☆

»Ich laufe immer grün an, wenn ich wütend werde.«

Rob Ligon, Amazon.com[306]

Manche Nutzer fühlen sich in ihrer neuen Haut aber scheinbar ganz wohl und vergeben fünf Sterne für die Strahlenbehandlung:

★★★★★

»Mir sind jetzt Schuppen gewachsen, rasiermesserscharfe Klauen an meinen Händen und Füßen und eine zwei Meter lange Zunge.«

Nox Stripes, Amazon.com[307]

Wer mit dem kleinen Steinchen aus der Dose bei seinen Freunden prahlen will und das Uranerz immer in den Hosentaschen mit sich herumschleppt, der muss mit Folgen rechnen:

★★★★★

»Nach einem Monat habe ich festgestellt, dass meine Hoden seltsam grün leuchten.«

Sqanto McGee, Amazon.com[308]

Vor allem größere Mengen des Materials könnten für Ärger sorgen. Dieser Kunde schreibt, er habe zehn Millionen Döschen bei Amazon gekauft:

★☆☆☆☆

»Eine halbe Stunde, nachdem ich bestellt hatte, wurde ich von zwei Bundespolizisten verhaftet.«

William Russo, Amazon.com[309]

## »Three Wolf Moon«-Shirt

Kitschiger könnte der Aufdruck kaum sein. Doch die Airbrush-Zeichnung der drei Wölfe, die einen Mond anheulen, hat das T-Shirt »Three Wolf Moon« zu einem Internetphänomen gemacht. Das T-Shirt hat eine eigene Wikipedia-Seite und taucht immer wieder in Serien und Computerspielen auf. Rund 3000 Bewertungen hat das Shirt bereits gesammelt und wird mit 4,5 Sternen bewertet.

Die meisten Kommentare sind satirische Erlebnisberichte, die nur so strotzen vor Testosteron. Dem T-Shirt wird zugeschrieben, die Männlichkeit zu potenzieren und die Wirkung auf Frauen zu verbessern. Meist berichten die Rezensenten über positive Effekte aus der Sicht von verwahrlosten Südstaaten-Bewohnern, die in Wohnwagen lebten und sich die Haare im Nacken lang wachsen ließen.

★★★★★

»Ich bin mir sicher, dass 67 Prozent dieses Shirts aus Pheromonen gemacht sind … und die Frauen lieben es!«

Reindeer Slayer, Amazon.com[310]

★★★★★

»Ich habe dieses T-Shirt gekauft, und sofort haben mich meine Exfreundinnen wieder angerufen.«

Erik Aichelen, Amazon.com[311]

Und selbst der Sprachassistent im Apple iPhone reagiert auf die Kitsch-Mode:

★★★★★

»Nachdem ich das ›Three Wolf Moon‹-Shirt bestellt hatte, nannte mich Siri automatisch Alphamännchen.«

PuddinSkins, Amazon.com[312]

Die Vorteile des Shirts fasst dieser Nutzer noch einmal kurz zusammen:

★★★★★

»Dieses T-Shirt ist magisch. Ich fühle mich, als hätte ich in der Lotterie gewonnen. Um es noch einmal zusammenzufassen: Auf diesem Shirt sind nicht einer oder zwei, sondern drei Wölfe zu sehen!«

brusinger, Amazon.com[313]

Von diesen Wölfen geht offenbar eine Magie aus, die das Leben der Besitzer verändert:

★★★★★

»Als ich beim ersten Sonnenaufgang losrannte, um mein Shirt aus der Wäsche zu holen, war die Waschmaschine zerstört, und es gab Kratzspuren sowie zerknäulte Fellreste an der Maschine und der Tür.«

Ben Winegard, Amazon.com[314]

Vor allem die Männlichkeit beeinflusst das Shirt. Die Nutzer berichten von hormonellen Umstellungen, die plötzlich aus Verlierertypen echte Männer machen sollen:

★★★★★

»Ich habe die Größe XXXL bestellt, um meinen Bauch zu bedecken, aber dann begannen meine Muskeln zu wachsen, und ich verbrannte Fett, als wäre ich auf Diätpillen.«

Paul Rogers, Amazon.com[315]

★★★★★

»Vor einigen Jahren hatte ich eine Vasektomie, nun ist meine Frau schwanger mit Drillingen (eines für jeden Wolf!).«

Quietlumber, Amazon.com[316]

Für den Haushalt ist das Shirt auch ganz praktisch und spart offenbar Zeit:

★★★★★

»Dieses Shirt hat Superkräfte! Auch wenn es nur in der Schublade liegt, werden alle meine Klamotten automatisch gebügelt und sortiert.«

Andrew J. Grealy, Amazon.com[317]

Wer sich in der Sprache der Rollenspiele wohler fühlt, bekommt hier noch einmal eine Erklärung:

★★★★★

»Das ›Three Wolf Moon‹-Shirt hat mir +10 Widerstand gegen Energieangriffe gebracht, +8 bei Stärke, und ich kann nun 30 Fuß höher springen.«

Lupidorr Theopian, Amazon.com[318]

Nicht einmal die größte Gefahr im Scherz-Universum kann dem Träger noch etwas anhaben: Von einem Roundhouse-Kick des legendären Chuck Norris getroffen zu werden. Sollte es wirklich stimmen, was dieser Nutzer in den Kommentaren aufgeschrieben hat, dann verleiht das »Three-Moon-Wolf«-Shirt dem Träger übermenschliche Kräfte:

★★★★★

»Als der Staub sich legte, stand ich immer noch mitten in einem Haufen gebogenen Stahls, zerbrochenen Betons und gesplitterten Glases. Chuck Norris stand einfach nur da mit offenem Mund. Er konnte nicht glauben, was eben passiert war.«

Dave O, Amazon.com[319]

Wer sich die Haare gerne vorne kurz und hinten lang zur Vokuhila-Frisur wachsen lässt, muss sich glücklicherweise auch keine Sorgen machen:

★★★★★

»Ich bin froh, dass nichts auf der Rückseite abgebildet ist, sonst könnte meine Vokuhila einen Wolf überdecken, und ich wüsste nicht, wie ich reagieren würde, wenn ich mich zwischen meiner Vokuhila und einem weiteren Wolf entscheiden müsste.«

K. Scott, Amazon.com[320]

Das gilt auch für tätowierte Männer:

★★★★★

»Dummerweise hatte ich das gleiche Motiv bereits auf meine Brust tätowiert, aber bei kaltem Wetter ist es [das T-Shirt] ganz nützlich.«

overlook1977, Amazon.com[321]

Das Kleidungsstück mit den drei Wölfen hat natürlich nicht nur Vorteile. Das T-Shirt kann unangenehme Nebenwirkungen mit sich bringen:

★☆☆☆☆

»Seit ich das T-Shirt das erste Mal angezogen habe, werde ich ständig vom Bedürfnis überwältigt, überall in die Ecken meiner Wohnung zu urinieren.«

johnnyk71, Amazon.com[322]

Diese drei Herren hier sind von dem T-Shirt alles andere als entzückt:

★☆☆☆☆

»Wir sind schockiert und entsetzt, dass der Hersteller dieses bedruckten T-Shirts sich dazu entschieden hat, sich mit etwas so Düsterem und Bösartigem wie den drei Wölfen zu schmücken. (...) Hochachtungsvoll, die drei kleinen Schweinchen.«

Three Little Pigs, Amazon.com[323]

## Akasha-Säule gegen Chemtrails

Im Internet gibt es Produkte für alle Zielgruppen. Da dürfen die Angebote für Verschwörungstheoretiker natürlich auf keinen Fall fehlen. Die Akasha-Säule gehört dazu. Die zwei Meter hohe Kupferskulptur bei Amazon steckt in einem sogenannten Orgonit-Sockel, kostet 4500 Euro und soll dabei helfen, gegen unsichtbare Feinde anzukämpfen. Unter anderem gegen Chemtrails. Das sind eigentlich harmlose Kondensstreifen von Flugzeugen. Aber die Wölkchen werden von Verschwörungstheoretikern gerne als chemische Nebelschwaden dämonisiert, die von der Regierung versprüht würden, um die Bevölkerung gefügig zu machen.

Das ist natürlich Unsinn. Und das wissen auch die Nutzer bei Amazon. Daher machen sie sich in den Bewertungen über die 35 Kilogramm schwere Säule lustig, die laut Beschreibung auch die Umwelt harmonisieren und negative Spannungen in positive Energie verwandeln soll.

Ein Nutzer habe sofort die Veränderungen gespürt, schreibt er, als er nach dem Kauf in den Himmel schaute:

★☆☆☆☆

»Während der folgenden Wochen waren am wolkenverhangenen Himmel tatsächlich keinerlei Kondensstreifen zu erkennen.«

Hein Diegelmann, Amazon.de[324]

Die Akasha-Skulptur selbst macht aber anscheinend keine großen Unterschiede, wenn es um Kondensat geht:

★★★★★

»Dann wollte ich Frühstück machen (…), aber die Kondensmilch war plötzlich auch weg.«

H. Schmidt, Amazon.de[325]

Zwischendurch ein Hinweis an alle, die sich vor Chemieangriffen der Regierung und einer Invasion der Reptiloiden fürchten: Bitte ziehen Sie niemals dorthin, wo viele Flugzeuge fliegen.

★★★★☆

»Mein Haus liegt im Einzugsbereich des Frankfurter

Flughafens, daher hatte ich oft Chemtrails. (...) Dank Akasha-Säule braucht mein Videorecorder deutlich kürzer zum Zurückspulen der Bänder.«

Tobias, Amazon.de[326]

Eine Kupfersäule im Wohnzimmer ist auf jeden Fall unauffälliger als die ansonsten übliche beliebte Kopfbedeckung von Verschwörungstheoretikern:

★★★★★

»Nachdem mir das ständige Nachkaufen von Alufolie für meine Aluhüte zu teuer wurde, habe ich nun in die Akasha-Säule investiert.«

Felix M., Amazon.de[327]

Mit diesem Trick klappt die Abwehr des giftigen Regierungsnebels auch unterwegs:

★★★★★

»Ich trage die Säule an einer Halskette immer bei mir. So vertreibe ich Chemtrails und entfalte gleichzeitig eine magnetische, anziehende Wirkung.«

M. Dilly, Amazon.de[328]

Zugegeben, 4500 Euro sind nicht ganz billig für eine Kupfersäule, deren Wirkung unsichtbar ist:

★★★★★

»Da wir fast alles verkaufen mussten, um uns die Säule

leisten zu können, ist unser Wohnzimmer jetzt definitiv bereinigt.«

Bluesky, Amazon.de[329]

Doch einige Kunden beklagen sich darüber, dass die Säule keine Funkverbindung anbietet und keinen LAN-Anschluss hat. Das hat Konsequenzen für einige Käufer:

★☆☆☆☆

»Dann ziehe ich mir halt wieder eine Tüte von Lidl über den Kopf – hat bisher auch prima gegen Chemtrails geholfen!«

Lars, Amazon.de[330]

Ein Nutzer wirft dann auch noch eine ganz neue Verschwörungstheorie in die Runde und erinnert an den Werbeslogan für ein Erfrischungsgetränk:

★☆☆☆☆

»Vielleicht ist es ja auch keine Akasha-Säule, sondern Manuel Neuer!«

Thomas Wendt, Amazon.de[331]

## Toiletten-Plastikhocker »Squatty Potty«

Ein witziger Werbeclip hat den Squatty Potty berühmt gemacht. Ein Prinz erklärt in diesem Spot anhand eines Einhorns, wie man am besten auf dem Klo sitzen sollte.

Dafür wird der Plastikhocker unter die Hufe des Einhorns geschoben, daraufhin sind die Beine angewinkelt, und der Darm wird geschmeidig entleert.

Um das Ergebnis zu veranschaulichen, befüllt das Einhorn mit seinen regenbogenfarbenen Exkrementen einige Eiswaffeln, die der Prinz an Kinder weiterreicht. Die Botschaft des Herstellers: Mit dem Squatty Potty flutscht das Geschäft einfach besser, weil keine Muskeln den Darm verspannen.

Ein Käufer berichtet, wie er seinen Porzellan-Thron mit dem neuen Plastikhocker besteigt und mehrmals spülen muss, damit sein ordentlich in Spiralform aufgehäuftes Geschäft nicht den Po berührt. Der Darm wird laut dem Erfahrungsbericht so gut geleert, dass es dem Kunden irgendwann fast unheimlich wird:

★★★★★

»Es konnte unmöglich noch etwas in mir drin sein. Ich begann mir ernsthaft Sorgen zu machen, dass nächstes Mal lebenswichtige Organe herauskommen würden, die bei all dem Tumult dem freiheitssuchenden Wahnsinn verfallen sein könnten. Aber nein, es war wieder ein perfekt geformter Schlauch menschlicher Exkremente.«

Mark Jaquith, Amazon.com[332]

Einige Käufer fühlen sich mit dem Plastikhocker sogar ins Weltall versetzt und erforschen unendliche Weiten von ihrer Porzellan-Brücke aus:

★★★★★

»Wenn man sich die Toilette mit dem drangeklemmten Squatty Potty so anschaut, dann sieht sie irgendwie aus wie das Raumschiff Enterprise.«

Chase Belafonte, Amazon.com[333]

Fast alle der 3000 Bewertungen sind positiv. Und viele der Beschreibungen sind so plastisch, dass es keinen Zweifel daran gibt, worum es sich bei dem Gadget handelt:

★★★★★

»(…) es war, als hätten sich die Tore geöffnet und nichts würde mehr aufgehalten. Ich hatte nicht einmal mehr Zeit, um Facebook zu checken!«

Shon F., Amazon.com[334]

# Schlusswort

Letztendlich können wir festhalten: Hilfreich sind Spaßbewertungen nicht. Sie unterstützen uns nicht dabei, den besten Fernseher in Onlineshops zu finden oder das richtige Hotel zu buchen. Aber viele der Beiträge sind einfach so umwerfend komisch, dass man sich gerne durch endlose Kommentarspalten klickt, ohne sinnvolle Details über das Produkt zu erfahren. Die Sprüche bereichern die Bewertungsspalten und sind eine willkommene Abwechslung zu technischen Produkttests und öden Erfahrungsberichten.

Natürlich kann man darüber streiten, ob 4,5 Sterne für eine Hühnerwarnweste wirklich angebracht sind. Denn wir werden wohl nie erfahren, ob die Leuchtkleidung für Hennen wirklich so praktisch ist, wie es die Nutzer beschreiben. Aber ganz ehrlich: Bei solchen skurrilen Produkten können wir auch getrost ignorieren, dass es kein objektives Urteil gibt.

Bei Filmen und Büchern ist es schon ärgerlicher, dass die Nutzer für einen schnellen Scherz mal eben so lediglich einen Stern vergeben. Aber das können die Filmverleiher und Verlage vermutlich verschmerzen. Denn bei Buchklassikern wie »Der Herr der Ringe« gibt es so viele ernsthaft positive Bewertungen, dass eine verschwindend geringe Menge an Ein-Stern-Spaßbewertungen das Ergebnis kaum trüben kann.

Die Spaßrezensenten haben mit ihren humorvollen Beiträgen eine neue Kunstform geschaffen, die leider zu oft übersehen wird in den Tiefen der Onlineportale. Hoffentlich ist es mit diesem Buch gelungen, den kreativen Nutzern eine Plattform zu geben, um sich mit ihren Beiträgen zu präsentieren und mehr als nur eine kleine Anzahl an Internet-Nerds zu begeistern.

Es wird spannend bleiben, welche Produkte künftig von den Spaßkommentatoren auserkoren und mit lustigen Bewertungen geadelt werden. Zumindest von den Herstellern müssen die Spaßpoeten keine Gegenwehr befürchten. Die Anbieter freuen sich in der Regel sogar darüber, wenn dem Produkt völlig absurde Fähigkeiten zugesprochen werden. Schließlich profitieren die Unternehmen davon, wenn ihre Angebote im Netz geteilt werden und mehr Aufmerksamkeit bekommen.

Dass sie mit den lustigen Bewertungen ihre Produkte sogar bewerben könnten, haben die Hersteller bisher kaum erkannt. Die Mitarbeiter schmunzeln zwar über die Kommentare, doch es fehlt häufig an der nötigen Selbstironie, um auch auf den eigenen Websites den Hype zu nutzen, den die Spaßkommentatoren losgetreten haben.

Hoffentlich bleiben die Onlineportale ihrer Linie treu und lassen die lustigen Bewertungen stehen, auch wenn es sich um Satire handelt. Der Sinn einer Bewertung wird damit natürlich konterkariert. Aber sollten die Spaßbeiträge gelöscht werden, dann würde ein grandioses Internetphänomen aussterben, das sich seit Jahren wacker hält und uns mit immer neuen verrückten Auswüchsen unterhält.

Ich möchte mich bei allen Produktpoeten bedanken, die mit ihren humorvollen Beiträgen die Onlineportale bereichern und dieses Buch ermöglicht haben. Der Dank gilt auch meiner Familie für die Geduld und die Unterstützung. Besten Dank an Daniel Oertel und das gesamte Team vom Ullstein-Verlag für den Support und die Chance, dieses Buch zu schreiben. Außerdem geht mein Dank an Oliver Domzalski für das aufmerksame Lektorat und Luca Pfitzenmeier für die wunderbaren Illustrationen.

Auch beim tollen Team des Netzwelt-Ressorts von *Spiegel Online* möchte ich mich bedanken, für das ich als freier Autor regelmäßig Texte schreiben darf. Die Kollegen hatten mich darum gebeten, einen Artikel über witzige Online-Rezensionen bei Amazon zu verfassen – und haben damit den Anstoß für dieses Buch gegeben.

Haben Sie auch lustige Bewertungen im Internet entdeckt? Ich würde mich sehr über eine E-Mail an pfefferspray@joergbreithut.de mit dem Link zur Spaßrezension freuen.

# Quellen


1 https://www.amazon.com/gp/customer-reviews/R3PG4OX6C5KVN4/ref=cm_cr_getr_d_rvw_ttl?ie=UTF8&ASIN=B00E1D1GY6

2 https://www.amazon.com/gp/customer-reviews/R3PZKG3BYWHO24/ref=cm_cr_getr_d_rvw_ttl?ie=UTF8&ASIN=B00E1D1GY6

3 https://www.amazon.com/gp/customer-reviews/R20QBM77MLFURS/ref=cm_cr_getr_d_rvw_ttl?ie=UTF8&ASIN=B00E1D1GY6

4 https://www.amazon.com/gp/customer-reviews/R2PFHNYLZ7THOO/ref=cm_cr_getr_d_rvw_ttl?ie=UTF8&ASIN=B00E1D1GY6

5 https://www.amazon.com/gp/customer-reviews/R3FNIYJQVZD0OK/ref=cm_cr_getr_d_rvw_ttl?ie=UTF8&ASIN=B00E1D1GY6

6 https://www.amazon.com/gp/customer-reviews/R1LTOSNXJKHEFJ/ref=cm_cr_getr_d_rvw_ttl?ie=UTF8&ASIN=B00E1D1GY6

7 https://www.amazon.com/gp/customer-reviews/R1P1W353EEGYFH/ref=cm_cr_getr_d_rvw_ttl?ie=UTF8&ASIN=B00E1D1GY6

8 https://www.amazon.com/gp/customer-reviews/R3THJ30CAGC7SF/ref=cm_cr_getr_d_rvw_ttl?ie=UTF8&ASIN=B00E1D1GY6

9 https://www.amazon.com/gp/customer-reviews/R1LFU1E5R4VRWP/ref=cm_cr_getr_d_rvw_ttl?ie=UTF8&ASIN=B00E1D1GY6

10 https://www.amazon.com/gp/customer-reviews/RGPRDW6DCVCV4/ref=cm_cr_getr_d_rvw_ttl?ie=UTF8&ASIN=B00E1D1GY6

11 https://www.amazon.com/gp/customer-reviews/R3JB1R8R2QU6YS/ref=cm_cr_getr_d_rvw_ttl?ie=UTF8&ASIN=B00E1D1GY6

12 https://www.amazon.com/gp/customer-reviews/R1KOGD3SS-
R57HP/ref=cm_cr_getr_d_rvw_ttl?ie=UTF8&ASIN=B00E1D1GY6

13 https://www.amazon.co.uk/gp/customer-reviews/R2PY4YXNGN-
4JI6/ref=cm_cr_arp_d_rvw_ttl?ie=UTF8&ASIN=B000KKNQBK

14 https://www.amazon.co.uk/gp/customer-reviews/R2JXAI2T-
KIWB02/ref=cm_cr_getr_d_rvw_
ttl?ie=UTF8&ASIN=B000KKNQBK

15 https://www.amazon.co.uk/gp/customer-reviews/R25ITEUG-
ZXNJTC/ref=cm_cr_getr_d_rvw_
ttl?ie=UTF8&ASIN=B000KKNQBK

16 https://www.amazon.co.uk/gp/customer-reviews/R231U4Z-
G0YDNHD/ref=cm_cr_arp_d_rvw_
ttl?ie=UTF8&ASIN=B000KKNQBK

17 https://www.amazon.co.uk/gp/customer-reviews/R3GDDEL1SC-
1QQ5/ref=cm_cr_arp_d_rvw_ttl?ie=UTF8&ASIN=B000KKNQBK

18 https://www.amazon.co.uk/gp/customer-reviews/
RY2XV83RWNN0R/ref=cm_cr_arp_d_rvw_
ttl?ie=UTF8&ASIN=B000KKNQBK

19 https://www.amazon.co.uk/gp/customer-reviews/
R37K16R6396YXE/ref=cm_cr_getr_d_rvw_
ttl?ie=UTF8&ASIN=B000KKNQBK

20 https://www.amazon.co.uk/gp/customer-reviews/R25NXHF1ZE-
7EIZ/ref=cm_cr_getr_d_rvw_ttl?ie=UTF8&ASIN=B000KKNQBK

21 https://www.amazon.co.uk/gp/customer-reviews/R1ACOFNW-
NOMPGL/ref=cm_cr_getr_d_rvw_
ttl?ie=UTF8&ASIN=B000KKNQBK

22 https://www.amazon.co.uk/gp/customer-reviews/R22GNV12AW
X5GW/ref=cm_cr_arp_d_rvw_ttl?ie=UTF8&ASIN=B004FTGJUW

23 https://www.amazon.co.uk/gp/customer-reviews/R33BL22QQBK
M42/ref=cm_cr_arp_d_rvw_ttl?ie=UTF8&ASIN=B004FTGJUW

24 https://www.amazon.co.uk/gp/customer-reviews/RT9EHPDJC1E
K0/ref=cm_cr_getr_d_rvw_ttl?ie=UTF8&ASIN=B004FTGJUW

25 https://www.amazon.co.uk/gp/customer-reviews/R1K2D2KAW U0ZLZ/ref=cm_cr_getr_d_rvw_ttl?ie=UTF8&ASIN=B004FTGJ UW

26 https://www.amazon.co.uk/gp/customer-reviews/R1X3IFEI-F94OMX/ref=cm_cr_arp_d_rvw_ttl?ie=UTF8&ASIN= B004FTGJUW

27 https://www.amazon.co.uk/review/RRCYQ79DQ789E/ref=cm_ cr_dp_title?ie=UTF8&ASIN=B004FTGJUW&channel=detail-glanc e&nodeID=192413031&store=officeproduct

28 https://www.amazon.co.uk/gp/customer-reviews/R3TSZ3WIY3 IIUH/ref=cm_cr_getr_d_rvw_ttl?ie=UTF8&ASIN=B004FTGJUW

29 https://www.amazon.co.uk/gp/customer-reviews/R3VW96CRI3 CWZ7/ref=cm_cr_getr_d_rvw_ttl?ie=UTF8&ASIN=B004FTGJUW

30 https://www.amazon.co.uk/gp/customer-reviews/R3BR9I72XSH-5BI/ref=cm_cr_arp_d_rvw_ttl?ie=UTF8&ASIN=B004FTGJUW

31 https://www.amazon.de/gp/customer-reviews/RVY6XCSJ291YV/ ref=cm_cr_arp_d_rvw_ttl?ie=UTF8&ASIN=B000XSX8MQ

32 https://www.amazon.de/gp/customer-reviews/R1735PK5OR7N ZM/ref=cm_cr_arp_d_rvw_ttl?ie=UTF8&ASIN=B000XSX8MQ

33 https://www.amazon.de/gp/customer-reviews/RXNCGZ5XYC SPD/ref=cm_cr_arp_d_rvw_ttl?ie=UTF8&ASIN=B000XSX8MQ

34 https://www.amazon.de/gp/customer-reviews/R5C0WSO59U-QKN/ref=cm_cr_getr_d_rvw_ttl?ie=UTF8&ASIN=B000XSX8MQ

35 https://www.amazon.de/gp/customer-reviews/R2ALKMF8CX-ZE6/ref=cm_cr_arp_d_rvw_ttl?ie=UTF8&ASIN=B000XSX8MQ

36 https://www.amazon.de/gp/customer-reviews/R2U9VDOU4C-MY9S/ref=cm_cr_arp_d_rvw_ttl?ie=UTF8&ASIN=B000XSX8MQ

37 https://www.amazon.de/gp/customer-reviews/R1YRMZ3CT-86VI7/ref=cm_cr_getr_d_rvw_ttl?ie=UTF8&ASIN=B000XSX8MQ

38 https://www.amazon.de/gp/customer-reviews/R1SDMQF09Y-7WUD/ref=cm_cr_getr_d_rvwttl?ie=UTF8&ASIN=B000XSX8MQ

39 https://www.amazon.de/gp/customer-reviews/R1DX3TYZ6U3 BD1/ref=cm_cr_getr_d_rvw_ttl?ie=UTF8&ASIN=B000R0JDSI

40 https://www.amazon.de/gp/customer-reviews/R3DT7O2Y6QZ-LFS/ref=cm_cr_getr_d_rvw_ttl?ie=UTF8&ASIN=B000R0JDSI

41 https://www.amazon.de/review/RPQ8WT1SYAPBR/ref=cm_cr_dp_title?ie=UTF8&ASIN=B000R0JDSI&channel=detail-glance&nodeID=16435051&store=sports

42 https://www.amazon.de/gp/customer-reviews/R2F2EEZ1DBN-CRS/ref=cm_cr_getr_d_rvw_ttl?ie=UTF8&ASIN=B000R0JDSI

43 https://www.amazon.de/gp/customer-reviews/R251UCMAFTY-BYS/ref=cm_cr_getr_d_rvw_ttl?ie=UTF8&ASIN=B000R0JDSI

44 https://www.amazon.de/gp/customer-reviews/R1XNMZSFSFH-HFD/ref=cm_cr_arp_d_rvw_ttl?ie=UTF8&ASIN=B000R0JDSI

45 https://www.amazon.de/gp/customer-reviews/R2J7RAHSZ-8SEXW/ref=cm_cr_getr_d_rvw_ttl?ie=UTF8&ASIN=B000R0JDSI

46 https://www.amazon.de/gp/customer-reviews/R1RF3OM-54Q581R/ref=cm_cr_getr_d_rvw_ttl?ie=UTF8&ASIN=B000R0JDSI

47 https://www.amazon.de/gp/customer-reviews/R3BVA1SBFOS X1M/ref=cm_cr_getr_d_rvw_ttl?ie=UTF8&ASIN=B000R0JDSI

48 https://www.amazon.de/review/R3TMSHWHU3KFVQ/ref=cm_cr_dp_title?ie=UTF8&ASIN=B000R0JDSI&channel=detail-glance&nodeID=16435051&store=sports

49 https://www.amazon.de/gp/customer-reviews/R1BWAK67TQV-GJ2/ref=cm_cr_getr_d_rvw_ttl?ie=UTF8&ASIN=B000R0JDSI

50 https://www.amazon.de/review/R3E5XWCAQD7WDV/ref=cm_cr_dp_title?ie=UTF8&ASIN=B000R0JDSI&channel=detail-glance&nodeID=16435051&store=sports

51 https://www.amazon.de/gp/customer-reviews/R1SMET14R2 86MW/ref=cm_cr_getr_d_rvw_ttl?ie=UTF8&ASIN=B000R0JDSI

52 https://www.amazon.de/gp/customer-reviews/R1TRZORQ5M-CT1G/ref=cm_cr_getr_d_rvw_ttl?ie=UTF8&ASIN=B000R0JDSI

53 https://www.amazon.de/gp/customer-reviews/RC3F2AJ5L03UF/ref=cm_cr_getr_d_rvw_ttl?ie=UTF8&ASIN=B000R0JDSI

54 https://www.amazon.de/gp/customer-reviews/R33D6SLLXI-UA28/ref=cm_cr_arp_d_rvw_ttl?ie=UTF8&ASIN=B000R0JDSI

55 https://www.amazon.de/gp/customer-reviews/R3RJLXQ2S-3F65C/ref=cm_cr_getr_d_rvw_ttl?ie=UTF8&ASIN=B000R0JDSI

56 https://www.amazon.de/gp/customer-reviews/R2SE75WLRM-R3VE/ref=cm_cr_getr_d_rvw_ttl?ie=UTF8&ASIN=B000R0JDSI

57 https://www.amazon.de/review/RIQ73ZKX59FC5/ref=cm_cr_dp_title?ie=UTF8&ASIN=B000R0JDSI&channel=detail-glance&nodeID=16435051&store=sports

58 https://www.amazon.de/gp/customer-reviews/R2GGDMVF01JB-VJ/ref=cm_cr_getr_d_rvw_ttl?ie=UTF8&ASIN=B000R0JDSI

59 https://www.amazon.de/gp/customer-reviews/R1PDQ8ZU1FE-JYV/ref=cm_cr_getr_d_rvw_ttl?ie=UTF8&ASIN=B000R0JDSI

60 Böhm, Markus (2016): Kurzfilm zu Amazon-Rezension – Grillin' me softly. URL: http://www.spiegel.de/netzwelt/web/youtube-video-zu-amazon-rezension-lustig-bleibt-lustig-a-1088691.html

61 Brandes, Christian (2016): Wenn du versehentlich mit einer Amazon-Rezension ein Drehbuch schreibst. URL: http://www.schleckysilberstein.com/2016/04/wenn-du-versehentlich-mit-einer-amazon-rezension-ein-drehbuch-schreibst/

62 https://www.amazon.de/review/R394F9WSSG2008/ref=cm_cr_dp_title?ie=UTF8&ASIN=B001R4BDIQ&channel=detail-glance&nodeID=10925031&store=garden

63 https://www.tripadvisor.de/ShowUserReviews-g186338-d211709-r268690962-Big_Ben-London_England.html#mtreview_268690962

64 https://www.tripadvisor.de/ShowUserReviews-g186338-d211709-r384990074-Big_Ben-London_England.html

65 https://www.tripadvisor.de/ShowUserReviews-g186338-d211709-r349590843-Big_Ben-London_England.html

66 https://www.tripadvisor.com/ShowUserReviews-g143028-d109440-r248232755-Grand_Canyon_South_Rim-Grand_Canyon_National_Park_Arizona.html

67 https://www.tripadvisor.de/ShowUserReviews-g60678-d2075296-r138954350-Tumon_Beach-Tumon_Guam.html

68 https://www.yelp.de/biz/joshua-tree-national-park-twentynine-palms?hrid=Q1fn3nia2wWS5pthaLfjKA&utm_campaign=www_review_share_popup&utm_medium=copy_link&utm_source=(direct)

69 https://www.tripadvisor.co.uk/ShowUserReviews-g293995-d1217970-r123956661-Boudl_Al_Olaya-Riyadh_Riyadh_Province.html

70 https://www.tripadvisor.com.au/ShowUserReviews-g32655-d104576-r342290071-Hollywood_Walk_of_Fame-Los_Angeles_California.html

71 https://www.tripadvisor.de/ShowUserReviews-g32655-d104576-r281713741-Hollywood_Walk_of_Fame-Los_Angeles_California.html#REVIEWS

72 https://www.tripadvisor.co.uk/ShowUserReviews-g186338-d483455-r166596340-Belgrove_Hotel-London_England.html

73 https://www.tripadvisor.de/ShowUserReviews-g60713-d104675-r303913046-Golden_Gate_Bridge-San_Francisco_California.html#REVIEWS

74 https://www.tripadvisor.com/ShowUserReviews-g60713-d104675-r136781627-Golden_Gate_Bridge-San_Francisco_California.html

75 https://www.tripadvisor.de/ShowUserReviews-g45991-d117062-r246143178-Area_51-Rachel_Nevada.html#REVIEWS

76 https://www.tripadvisor.de/ShowUserReviews-g45991-d117062-r179861336-Area_51-Rachel_Nevada.html#CHECK_RATES_CONT

77 https://www.tripadvisor.de/ShowUserReviews-g45991-d117062-r109251781-Area_51-Rachel_Nevada.html#REVIEWS

78 https://www.tripadvisor.de/ShowUserReviews-g45991-d117062-r419992619-Area_51-Rachel_Nevada.html#REVIEWS

79 https://www.tripadvisor.de/ShowUserReviews-g45991-d117062-r106437406-Area_51-Rachel_Nevada.html#REVIEWS

80 https://www.amazon.de/gp/customer-reviews/R3LNM46KBR2BQ5/ref=cm_cr_arp_d_rvw_ttl?ie=UTF8&ASIN=B001KM8DI8

81 https://www.amazon.de/gp/customer-reviews/R3KSWVRARWEXK5/ref=cm_cr_arp_d_rvw_ttl?ie=UTF8&ASIN=B001KM8DI8

82 https://www.amazon.de/gp/customer-reviews/R3CAT85NK178M7/ref=cm_cr_getr_d_rvw_ttl?ie=UTF8&ASIN=B001KM8DI8

83 https://www.amazon.de/gp/customer-reviews/R3SRC4S3WKW11Y/ref=cm_cr_arp_d_rvw_ttl?ie=UTF8&ASIN=B001KM8DI8

84 https://www.amazon.de/gp/customer-reviews/R2T8NWIGN-W1LDO/ref=cm_cr_arp_d_rvw_ttl?ie=UTF8&ASIN=B001KM8DI8

85 https://www.amazon.de/gp/customer-reviews/RL1OH3NYWRQQ9/ref=cm_cr_getr_d_rvw_ttl?ie=UTF8&ASIN=B001KM8DI8

86 https://www.amazon.de/gp/customer-reviews/R1Z3TFCYBDRVGR/ref=cm_cr_getr_d_rvw_ttl?ie=UTF8&ASIN=B001KM8DI8

87 https://www.amazon.de/gp/customer-reviews/RZVCMJSKZINX6/ref=cm_cr_getr_d_rvw_ttl?ie=UTF8&ASIN=B001KM8DI8

88 https://www.amazon.de/review/RZA6TND3BG7OF/ref=cm_cr_dp_title?ie=UTF8&ASIN=B000LZ3RTA&channel=detail-glance&nodeID=562066&store=ce-de

89 https://www.amazon.de/gp/customer-reviews/RZYN3SV9SNGK5/ref=cm_cr_getr_d_rvw_ttl?ie=UTF8&ASIN=B000LZ3RTA

90 https://www.amazon.de/gp/customer-reviews/R1GG6MB9QH4LQU/ref=cm_cr_arp_d_rvw_ttl?ie=UTF8&ASIN=B000LZ3RTA

91 https://www.amazon.de/gp/customer-reviews/R1FPRGDO251B7S/ref=cm_cr_arp_d_rvw_ttl?ie=UTF8&ASIN=B000LZ3RTA

92 https://www.amazon.de/review/RIOQJ9JLUWREV/ref=cm_cr_dp_title?ie=UTF8&ASIN=B000LZ3RTA&channel=detail-glance&nodeID=562066&store=ce-de

93 https://www.amazon.de/review/RQG38FHMIKYTI/ref=cm_cr_
dp_title?ie=UTF8&ASIN=B000LZ3RTA&channel=detail-
glance&nodeID=562066&store=ce-de

94 https://www.amazon.de/gp/customer-reviews/R1SO6RX6595X9I/
ref=cm_cr_getr_d_rvw_ttl?ie=UTF8&ASIN=B00KY2NKCO

95 https://www.amazon.de/gp/customer-reviews/R29EGAVOUYU
XBC/ref=cm_cr_getr_d_rvw_ttl?ie=UTF8&ASIN=B00KY2NKCO

96 https://www.amazon.de/gp/customer-reviews/R2VL0G8HFJ7I
FT/ref=cm_cr_getr_d_rvw_ttl?ie=UTF8&ASIN=B00KY2NKCO

97 https://www.amazon.de/gp/customer-reviews/R3HIJUPFE6GO
SG/ref=cm_cr_getr_d_rvw_ttl?ie=UTF8&ASIN=B00KY2NKCO

98 https://www.amazon.de/review/R27XE9HUMMITZP/ref=cm
cr_dp_title?ie=UTF8&ASIN=B002JFW45S&channel=detail-glance
&nodeID=340843031&store=computers

99 https://www.amazon.de/review/R3VRWNUH3OGEHH/ref=
cm_cr_dp_title?ie=UTF8&ASIN=B002JFW45S&channel=detail-
glance&nodeID=340843031&store=computers

100 https://www.amazon.de/review/R2NA3K1A6OJ3XA/ref=cm_
cr_dp_title?ie=UTF8&ASIN=B002JFW45S&channel=detail-glance
&nodeID=340843031&store=computers

101 https://www.amazon.de/gp/customer-reviews/R3LTNUYJLN
M7YR/ref=cm_cr_arp_d_rvw_ttl?ie=UTF8&ASIN=B002JFW45S

102 https://www.amazon.com/gp/customer-reviews/RD2XNZ0BP
KZ1S/ref=cm_cr_getr_d_rvw_ttl?ie=UTF8&ASIN=B0013D8VDQ

103 https://www.amazon.com/gp/customer-reviews/R3SA6NKM
MUTW5N/ref=cm_cr_getr_d_rvw_ttl?ie=UTF8&ASIN=B0013
D8VDQ

104 https://www.amazon.com/gp/customer-reviews/R9HV4Y6GLZ
062/ref=cm_cr_getr_d_rvw_ttl?ie=UTF8&ASIN=B0013D8VDQ

105 https://www.amazon.com/gp/customer-reviews/R3HG21YGM
9D8A9/ref=cm_cr_getr_d_rvw_ttl?ie=UTF8&ASIN=B0013D8VDQ

106 https://www.amazon.com/gp/customer-reviews/R2QEIC1J7H BYPI/ref=cm_cr_getr_d_rvw_ttl?ie=UTF8&ASIN=B0013D8VDQ

107 https://www.amazon.com/gp/customer-reviews/R24PR9DLJF MBYC/ref=cm_cr_getr_d_rvw_ttl?ie=UTF8&ASIN=B0013D8VDQ

108 https://www.amazon.com/gp/customer-reviews/RKRAA09JB CVG9/ref=cm_cr_getr_d_rvw_ttl?ie=UTF8&ASIN=B0013D8VDQ

109 https://www.amazon.com/gp/customer-reviews/R2RT8TDEM 6B285/ref=cm_cr_getr_d_rvw_ttl?ie=UTF8&ASIN=B0013D8VDQ

110 https://www.amazon.com/gp/customer-reviews/RMRSCE9C07B LN/ref=cm_cr_getr_d_rvw_ttl?ie=UTF8&ASIN=B0013D8VDQ

111 https://www.amazon.com/gp/customer-reviews/RY16KVJ1EQY WL/ref=cm_cr_getr_d_rvw_ttl?ie=UTF8&ASIN=B0013D8VDQ

112 https://www.amazon.com/gp/customer-reviews/RTI1DOLXWH S8I/ref=cm_cr_getr_d_rvw_ttl?ie=UTF8&ASIN=B0013D8VDQ

113 https://www.amazon.com/gp/customer-reviews/R2ZG8KAAK F6Q4T/ref=cm_cr_getr_d_rvw_ttl?ie=UTF8&ASIN=B0013D8VDQ

114 https://www.amazon.de/gp/customer-reviews/R2D91NNVWB 9SQ3/ref=cm_cr_arp_d_rvw_ttl?ie=UTF8&ASIN=B0034BHDQ6

115 https://www.amazon.de/gp/customer-reviews/R16SQGWQLZ6I LI/ref=cm_cr_arp_d_rvw_ttl?ie=UTF8&ASIN=B0034BHDQ6

116 https://www.amazon.de/gp/customer-reviews/R3DTNQ2D8 RI98H/ref=cm_cr_getr_d_rvw_ttl?ie=UTF8&ASIN=B0034BHDQ6

117 https://www.amazon.de/gp/customer-reviews/R30K7YASR3T Z9S/ref=cm_cr_arp_d_viewpnt?ie=UTF8&ASIN=B0034BHDQ6#R 30K7YASR3TZ9S

118 https://www.amazon.de/gp/customer-reviews/RMEIYPC0HEO 0Q/ref=cm_cr_getr_d_rvw_ttl?ie=UTF8&ASIN=B0034BHDQ6

119 https://www.amazon.de/gp/customer-reviews/R201EFG3VZ0 5CU/ref=cm_cr_arp_d_rvw_ttl?ie=UTF8&ASIN=B0034BHDQ6

120 https://www.amazon.de/gp/customer-reviews/RGW7U4Z8EZS QL/ref=cm_cr_getr_d_rvw_ttl?ie=UTF8&ASIN=B0034BHDQ6

121 https://www.amazon.de/review/R21QT0YRZLX234/ref=cm_cr_dp_title?ie=UTF8&ASIN=B01DPJ3JSW&channel=detail-glance&nodeID=327472011&store=jewelry

122 https://www.amazon.de/gp/customer-reviews/R130Z4DKJ5WU36/ref=cm_cr_arp_d_rvw_ttl?ie=UTF8&ASIN=B01DPJ3JSW

123 https://www.amazon.de/gp/customer-reviews/RDSXBWPGXPYCE/ref=cm_cr_arp_d_rvw_ttl?ie=UTF8&ASIN=B01DPJ3JSW

124 https://www.amazon.de/review/RGS3T5RP74P8D/ref=cm_cr_rdp_perm

125 https://www.amazon.com/gp/customer-reviews/R2IOQ0YUVQX09V/ref=cm_cr_getr_d_rvw_ttl?ie=UTF8&ASIN=B001K3IXW8

126 https://www.amazon.com/gp/customer-reviews/R2HXVIKJY27SHC/ref=cm_cr_getr_d_rvw_ttl?ie=UTF8&ASIN=B001K3IXW8

127 https://www.amazon.com/gp/customer-reviews/R2DR8IC8QHM7U0/ref=cm_cr_getr_d_rvw_ttl?ie=UTF8&ASIN=B001K3IXW8

128 https://www.amazon.com/gp/customer-reviews/RGFU8IH-V1D7XW/ref=cm_cr_getr_d_rvw_ttl?ie=UTF8&ASIN=B001K3IXW8

129 https://www.amazon.com/gp/customer-reviews/R3UO4W0DID2CMM/ref=cm_cr_getr_d_rvw_ttl?ie=UTF8&ASIN=B001K3IXW8

130 https://www.amazon.com/gp/customer-reviews/RI87MPPX2201Q/ref=cm_cr_getr_d_rvw_ttl?ie=UTF8&ASIN=B001K3IXW8

131 https://www.amazon.com/gp/customer-reviews/RZESXWYWIMBRK/ref=cm_cr_getr_d_rvw_ttl?ie=UTF8&ASIN=B001K3IXW8

132 https://www.amazon.com/gp/customer-reviews/R3A1PLZ409WOXV/ref=cm_cr_getr_d_rvw_ttl?ie=UTF8&ASIN=B001K3IXW8

133 https://www.amazon.com/gp/customer-reviews/R2GOC2XG06Y6VB/ref=cm_cr_getr_d_rvw_ttl?ie=UTF8&ASIN=B001K3IXW8

134

135 https://www.amazon.com/gp/customer-reviews/R3PA20VZXRWHTJ/ref=cm_cr_getr_d_rvw_ttl?ie=UTF8&ASIN=B001K3IXW8

136 https://www.amazon.com/gp/customer-reviews/R2LEIT3B IP135/ref=cm_cr_getr_d_rvw_ttl?ie=UTF8&ASIN=B001K3IXW8

137 https://www.amazon.com/review/R3FTHSH0UNRHOH/ ref=cm_cr_dp_title?ie=UTF8&ASIN=B008JELLCA&channel= detail-glance&nodeID=16310101&store=grocery

138 https://www.amazon.com/review/R1JISL51M4FG0D/ref=cm_ cr_dp_title?ie=UTF8&ASIN=B008JELLCA&channel=detail-glance &nodeID=16310101&store=grocery

139 https://www.amazon.com/gp/customer-reviews/R3PCWOLV6O ONEH/ref=cm_cr_getr_d_rvw_ttl?ie=UTF8&ASIN=B008JELLCA

140 https://www.amazon.com/gp/customer-reviews/RMZHN5XRW 76ZS/ref=cm_cr_getr_d_rvw_ttl?ie=UTF8&ASIN=B008JELLCA

141 https://www.amazon.com/gp/customer-reviews/R3SKVEPB4W DAC9/ref=cm_cr_getr_d_rvw_ttl?ie=UTF8&ASIN=B008JELLCA

142 https://www.amazon.com/gp/customer-reviews/R3F5O5SQL5 CUL4/ref=cm_cr_getr_d_rvw_ttl?ie=UTF8&ASIN=B008JELLCA

143 https://www.amazon.com/gp/customer-reviews/R3H6D11J1LX NRB/ref=cm_cr_getr_d_rvw_ttl?ie=UTF8&ASIN=B008JELLCA

144 https://www.amazon.com/gp/customer-reviews/R32MGFMVXP UHT9/ref=cm_cr_getr_d_rvw_ttl?ie=UTF8&ASIN=B008JELLCA

145 https://www.amazon.de/review/R1LDAB59JQFNBW/ref=cm_ cr_dp_title?ie=UTF8&ASIN=B002B7ODEY&channel=detail-glance &nodeID=3167641&store=kitchen

146 https://www.amazon.de/gp/customer-reviews/R2FEPA5669O WC0/ref=cm_cr_arp_d_rvw_ttl?ie=UTF8&ASIN=B002B7ODEY

147 https://www.amazon.de/review/R2FAYKCG1VJ8GA/ref=cm_ cr_dp_title?ie=UTF8&ASIN=B002B7ODEY&channel=detail-glance &nodeID=3167641&store=kitchen

148 https://www.amazon.de/review/R22IDFN2CTWOL5/ref=cm_ cr_dp_title?ie=UTF8&ASIN=B002B7ODEY&channel=detail-glance &nodeID=3167641&store=kitchen

149 https://www.amazon.de/gp/customer-reviews/R2EXLIM5VC7F0O/ref=cm_cr_getr_d_rvw_ttl?ie=UTF8&ASIN=B002B7ODEY

150 https://www.amazon.com/gp/customer-reviews/R2XV0DBIL2KQU4/ref=cm_cr_dp_d_rvw_ttl?ie=UTF8&ASIN=B0047E0EII

151 https://www.amazon.com/gp/customer-reviews/R3OO5L1UKIU6H8/ref=cm_cr_getr_d_rvw_ttl?ie=UTF8&ASIN=B0047E0EII

152 https://www.amazon.com/gp/customer-reviews/R28PLBM97FKPWY/ref=cm_cr_getr_d_rvw_ttl?ie=UTF8&ASIN=B0047E0EII

153 https://www.amazon.com/gp/customer-reviews/R397LX7BKT5Q0N/ref=cm_cr_dp_d_rvw_ttl?ie=UTF8&ASIN=B0047E0EII

154 https://www.amazon.com/gp/customer-reviews/ROELF03O1Y2VB/ref=cm_cr_dp_d_rvw_ttl?ie=UTF8&ASIN=B0047E0EII

155 https://www.amazon.com/gp/customer-reviews/R2LKO94V1PNG6A/ref=cm_cr_getr_d_rvw_ttl?ie=UTF8&ASIN=B0047E0EII

156 https://www.amazon.com/gp/customer-reviews/R2D4TWM6YTX9XO/ref=cm_cr_getr_d_rvw_ttl?ie=UTF8&ASIN=B0047E0EII

157 https://www.amazon.com/gp/customer-reviews/R19VF906VTUBFI/ref=cm_cr_dp_d_rvw_ttl?ie=UTF8&ASIN=B0047E0EII

158 https://www.amazon.com/gp/customer-reviews/RSVFVEOKGUS7A/ref=cm_cr_dp_d_rvw_ttl?ie=UTF8&ASIN=B0047E0EII

159 https://www.amazon.com/gp/customer-reviews/R3HPRGJRDBHL1H/ref=cm_cr_getr_d_rvw_ttl?ie=UTF8&ASIN=B0047E0EII

160 https://www.amazon.com/gp/customer-reviews/R14KNN8JAMBITZ/ref=cm_cr_getr_d_rvw_ttl?ie=UTF8&ASIN=B0029XZAUQ

161 https://www.amazon.com/gp/customer-reviews/R3EMF0OKZSZY5/ref=cm_cr_getr_d_rvw_ttl?ie=UTF8&ASIN=B0029XZAUQ

162 https://www.amazon.com/review/R188VWKEUETTA8/ref=cm_cr_dp_title?ie=UTF8&ASIN=B0029XZAUQ&channel=detail-glance&nodeID=16310101&store=grocery

163 https://www.amazon.com/gp/customer-reviews/R1QZ3WRAPNP1DD/ref=cm_cr_getr_d_rvw_ttl?ie=UTF8&ASIN=B0029XZAUQ

164 https://www.amazon.com/gp/customer-reviews/R3L71WTY7UU24C/ref=cm_cr_getr_d_rvw_ttl?ie=UTF8&ASIN=B00032G1S0

165 https://www.amazon.com/gp/customer-reviews/R2BCCAH6LNYJ0Z/ref=cm_cr_getr_d_rvw_ttl?ie=UTF8&ASIN=B00032G1S0

166 https://www.amazon.com/gp/customer-reviews/RU696T1QJJJ6W/ref=cm_cr_getr_d_rvw_ttl?ie=UTF8&ASIN=B00032G1S0

167 https://www.amazon.com/gp/customer-reviews/R1TDHY175H0GL4/ref=cm_cr_getr_d_rvw_ttl?ie=UTF8&ASIN=B00032G1S0

168 https://www.amazon.com/gp/customer-reviews/R1C5R4IVXSDPPL/ref=cm_cr_getr_d_rvw_ttl?ie=UTF8&ASIN=B00032G1S0

169 https://www.amazon.com/gp/customer-reviews/R2GX8SUIKSDQII/ref=cm_cr_getr_d_rvw_ttl?ie=UTF8&ASIN=B00032G1S0

170 https://www.amazon.com/gp/customer-reviews/R1Z30QXAFGJO9/ref=cm_cr_getr_d_rvw_ttl?ie=UTF8&ASIN=B00032G1S0

171 https://www.amazon.com/gp/customer-reviews/R3FRYLQ7DHAEEB/ref=cm_cr_getr_d_rvw_ttl?ie=UTF8&ASIN=B00032G1S0

172 https://www.amazon.com/gp/customer-reviews/RLB3INH8S1ILL/ref=cm_cr_getr_d_rvw_ttl?ie=UTF8&ASIN=B00032G1S0

173 https://www.amazon.com/gp/customer-reviews/R1J9VL6427DT99/ref=cm_cr_getr_d_rvw_ttl?ie=UTF8&ASIN=B00032G1S0

174 https://www.amazon.com/gp/customer-reviews/RXWXYVX8466WM/ref=cm_cr_getr_d_rvw_ttl?ie=UTF8&ASIN=B00032G1S0

175 https://www.amazon.de/gp/customer-reviews/RHOYS24U562RG/ref=cm_cr_arp_d_rvw_ttl?ie=UTF8&ASIN=B001ECBSVS

176 https://www.amazon.de/review/R3NZ0VTTD7KPEX/ref=cm_cr_dp_title?ie=UTF8&ASIN=B001ECBSVS&channel=detail-glance&nodeID=12950651&store=toys

177 https://www.amazon.de/review/RNQA7OIQTSO1J/ref=cm_cr_dp_title?ie=UTF8&ASIN=B001ECBSVS&channel=detail-glance&nodeID=12950651&store=toys

178 https://www.amazon.de/gp/customer-reviews/R1Y64KZZSRLXBR/ref=cm_cr_getr_d_rvw_ttl?ie=UTF8&ASIN=B001ECBSVS

179 https://www.amazon.de/review/R1YD6GY66GYM4H/ref=cm_cr_dp_title?ie=UTF8&ASIN=B001ECBSVS&channel=detail-glance&nodeID=12950651&store=toys

180 https://www.amazon.de/review/R37K4ICMPOG4G/ref=cm_cr_dp_title?ie=UTF8&ASIN=B0024FTYK6&channel=detail-glance&nodeID=16435051&store=sports

181 https://www.amazon.de/review/R2CSV5ICUSVE95/ref=cm_cr_dp_title?ie=UTF8&ASIN=0942391047&channel=detail-glance&nodeID=52044011&store=books-intl-de

182 https://www.amazon.com/gp/customer-reviews/R3TL1C8CERBRGI/ref=cm_cr_getr_d_rvw_ttl?ie=UTF8&ASIN=0870334336

183 https://www.amazon.com/gp/customer-reviews/RD8AWZ3JDQBB5/ref=cm_cr_getr_d_rvw_ttl?ie=UTF8&ASIN=0870334336

184 https://www.amazon.com/gp/customer-reviews/RW9DDOGRBV1RW/ref=cm_cr_getr_d_rvw_ttl?ie=UTF8&ASIN=0870334336

185 https://www.amazon.com/gp/customer-reviews/R2BLDCDD2TQNHF/ref=cm_cr_getr_d_rvw_ttl?ie=UTF8&ASIN=0870334336

186 https://www.amazon.com/gp/customer-reviews/RFB13T5T3TNC4/ref=cm_cr_getr_d_rvw_ttl?ie=UTF8&ASIN=0870334336

187 https://www.amazon.com/gp/customer-reviews/R1UL606XXQNLTW/ref=cm_cr_getr_d_rvw_ttl?ie=UTF8&ASIN=0870334336

188 https://www.amazon.com/gp/customer-reviews/R2XUDF8XN1JE7O/ref=cm_cr_getr_d_rvw_ttl?ie=UTF8&ASIN=0870334336

189 https://www.amazon.com/gp/customer-reviews/R1A5RQDZ54U0OA/ref=cm_cr_getr_d_rvw_ttl?ie=UTF8&ASIN=0870334336

190 https://www.amazon.com/gp/customer-reviews/R1Y593KIFVR8VF/ref=cm_cr_getr_d_rvw_ttl?ie=UTF8&ASIN=0870334336

191 https://www.amazon.com/gp/customer-reviews/R17YW11EWO1WOJ/ref=cm_cr_getr_d_rvw_ttl?ie=UTF8&ASIN=B00136YCIG

192 https://www.amazon.com/gp/customer-reviews/R2GTJASH1CA
D5Z/ref=cm_cr_getr_d_rvw_ttl?ie=UTF8&ASIN=B00136YCIG

193 https://www.amazon.com/gp/customer-reviews/R1LF4DEOHY
UEIY/ref=cm_cr_getr_d_rvw_ttl?ie=UTF8&ASIN=B00136YCIG

194 https://www.amazon.com/gp/customer-reviews/R38TQJ690KM
9ZZ/ref=cm_cr_getr_d_rvw_ttl?ie=UTF8&ASIN=B00136YCIG

195 https://www.amazon.com/gp/customer-reviews/RDTZBUERG
2T63/ref=cm_cr_getr_d_rvw_ttl?ie=UTF8&ASIN=B00136YCIG

196 https://www.amazon.de/gp/customer-reviews/R1U0K2OGFBS
N9G/ref=cm_cr_getr_d_rvw_ttl?ie=UTF8&ASIN=3938484136

197 https://www.amazon.de/gp/customer-reviews/R19ADNDGCJ
2PFK/ref=cm_cr_getr_d_rvw_ttl?ie=UTF8&ASIN=3938484136

198 https://www.amazon.de/gp/customer-reviews/RX4027HT9Y1
AS/ref=cm_cr_getr_d_rvw_ttl?ie=UTF8&ASIN=3938484136

199 https://www.amazon.com/gp/customer-reviews/R1I04YNB9A1U
91/ref=cm_cr_getr_d_rvw_ttl?ie=UTF8&ASIN=0345538374

200 https://www.amazon.com/gp/customer-reviews/R2455OSUFV
D9MQ/ref=cm_cr_getr_d_rvw_ttl?ie=UTF8&ASIN=0345538374

201 https://www.amazon.com/gp/customer-reviews/R9LDMH7CE
84WU/ref=cm_cr_getr_d_rvw_ttl?ie=UTF8&ASIN=0345538374

202 https://www.amazon.com/gp/customer-reviews/RJJZ3TNTNLZ
FL/ref=cm_cr_getr_d_rvw_ttl?ie=UTF8&ASIN=0345538374

203 https://www.amazon.com/gp/customer-reviews/R21TEH03PJN
QY9/ref=cm_cr_getr_d_rvw_ttl?ie=UTF8&ASIN=0345538374

204 https://www.amazon.com/gp/customer-reviews/R10OVQIVT
KLI0G/ref=cm_cr_getr_d_rvw_ttl?ie=UTF8&ASIN=0345538374

205 https://www.amazon.com/gp/customer-reviews/R2M19AR8Q
L03IK/ref=cm_cr_getr_d_rvw_ttl?ie=UTF8&ASIN=0345538374

206 https://www.amazon.de/gp/customer-reviews/R1VIDJW6U6R
0JO/ref=cm_cr_getr_d_rvw_ttl?ie=UTF8&ASIN=3451280000

207 https://www.amazon.de/gp/customer-reviews/R3PF1CW77PZJBY/ref=cm_cr_getr_d_rvw_ttl?ie=UTF8&ASIN=3451280000

208 https://www.amazon.de/gp/customer-reviews/R23UAIPRWY1SSQ/ref=cm_cr_getr_d_rvw_ttl?ie=UTF8&ASIN=3451280000

209 https://www.amazon.de/gp/customer-reviews/R4HPEH99WS6NZ/ref=cm_cr_arp_d_rvw_ttl?ie=UTF8&ASIN=3451280000

210 https://www.amazon.de/gp/customer-reviews/R3CG611FX0IORS/ref=cm_cr_getr_d_rvw_ttl?ie=UTF8&ASIN=3451280000

211 https://www.amazon.de/gp/customer-reviews/R18L93B6X49SQM/ref=cm_cr_arp_d_rvw_ttl?ie=UTF8&ASIN=3451280000

212 https://www.amazon.de/gp/customer-reviews/R3TCRJU5MAFGNU/ref=cm_cr_arp_d_rvw_ttl?ie=UTF8&ASIN=B000O76Y8Q

213 https://www.amazon.de/gp/customer-reviews/R2DXMIEYHR17OX/ref=cm_cr_arp_d_rvw_ttl?ie=UTF8&ASIN=B000O76Y8Q

214 https://www.amazon.de/gp/customer-reviews/R36B1K6LH71BLM/ref=cm_cr_getr_d_rvw_ttl?ie=UTF8&ASIN=B000O76Y8Q

215 https://www.amazon.de/gp/customer-reviews/R1ZY4UR1STIV9R/ref=cm_cr_arp_d_rvw_ttl?ie=UTF8&ASIN=B000O76Y8Q

216 https://www.amazon.de/gp/customer-reviews/R141HSD84KIM7O/ref=cm_cr_arp_d_rvw_ttl?ie=UTF8&ASIN=B000O76Y8Q

217 https://www.amazon.de/gp/customer-reviews/R1BCOAYSJPD077/ref=cm_cr_getr_d_rvw_ttl?ie=UTF8&ASIN=B000O76Y8Q

218 https://www.amazon.de/gp/customer-reviews/R2JAZK7VKMCU4C/ref=cm_cr_arp_d_rvw_ttl?ie=UTF8&ASIN=B000O76Y8Q

219 https://www.amazon.de/gp/customer-reviews/R4289N8MVCJ4D/ref=cm_cr_getr_d_rvw_ttl?ie=UTF8&ASIN=B000O76Y8Q

220 https://www.amazon.de/gp/customer-reviews/R223XZVPRAY3G7/ref=cm_cr_arp_d_rvw_ttl?ie=UTF8&ASIN=B000O76Y8Q

221 https://www.amazon.co.uk/gp/customer-reviews/R1WE0AUY0CMFIP/ref=cm_cr_getr_d_rvw_ttl?ie=UTF8&ASIN=B00M0GLM36

222 https://www.amazon.de/gp/customer-reviews/R2Z0QJSNJ3650D/ref=cm_cr_getr_d_rvw_ttl?ie=UTF8&ASIN=B00HUMI5SK

223 https://www.amazon.de/gp/customer-reviews/R2SLO18VBRFXU9/ref=cm_cr_getr_d_rvw_ttl?ie=UTF8&ASIN=B00HUMI5SK

224 https://www.amazon.de/gp/customer-reviews/R1IFXCPXJNSXKE/ref=cm_cr_getr_d_rvw_ttl?ie=UTF8&ASIN=B00HUMI5SK

225 https://www.amazon.com/gp/customer-reviews/R1MEH04HQ9HT/ref=cm_cr_arp_d_rvw_ttl?ie=UTF8&ASIN=B00RO49JEI

226 https://www.amazon.com/gp/customer-reviews/R1GK88TZB6TKV8/ref=cm_cr_getr_d_rvw_ttl?ie=UTF8&ASIN=B00RO49JEI

227 https://www.amazon.de/gp/customer-reviews/R24M60PFHB8NO3/ref=cm_cr_getr_d_rvw_ttl?ie=UTF8&ASIN=B00SFHQ4SM

228 https://www.amazon.com/gp/customer-reviews/R3N92E1KPYFS0Y/ref=cm_cr_getr_d_rvw_ttl?ie=UTF8&ASIN=B00PBIKZTC

229 Perez, Sarah (2016): Amazon makes good on its promise to delete »incentivized« reviews. URL: https://techcrunch.com/2016/11/23/amazon-made-good-on-its-promise-to-delete-incentivized-reviews/

230 o. V. (2016): Funniest Reviews. URL: https://www.amazon.co.uk/gp/feature.html?ie=UTF8&docId=1000799743

231 https://www.amazon.de/gp/customer-reviews/RQ0LLPYZPJQ8O/ref=cm_cr_getr_d_rvw_ttl?ie=UTF8&ASIN=B004051Y9W

232 https://www.amazon.de/gp/customer-reviews/RGBW5Q3MCH3IO/ref=cm_cr_getr_d_rvw_ttl?ie=UTF8&ASIN=B004051Y9W

233 https://www.amazon.de/gp/customer-reviews/R3IQZ39JN641MU/ref=cm_cr_getr_d_rvw_ttl?ie=UTF8&ASIN=B004051Y9W

234 https://www.amazon.de/gp/customer-reviews/R1O0KULYGL4WL5/ref=cm_cr_getr_d_rvw_ttl?ie=UTF8&ASIN=B004051Y9W

235 https://www.amazon.de/gp/customer-reviews/R3HOS6N2MPAQPW/ref=cm_cr_arp_d_rvw_ttl?ie=UTF8&ASIN=B004051Y9W

236 https://www.amazon.com/review/R1N8YEWBCN6K53/ref=cm_cr_dp_title?ie=UTF8&ASIN=1465040994&channel=detail-glance&nodeID=283155&store=books

237 https://www.amazon.com/review/R2Y33IOAJUAEUV/ref=cm_cr_dp_title?ie=UTF8&ASIN=1465040994&channel=detail-glance&nodeID=283155&store=books

238 https://www.amazon.com/gp/customer-reviews/R2CQZ3ODBSH5NY/ref=cm_cr_getr_d_rvw_ttl?ie=UTF8&ASIN=1465040994

239 https://www.amazon.de/review/RXCSUECBJT7UI/ref=cm_cr_dp_title?ie=UTF8&ASIN=B007G7ZB22&channel=detail-glance&nodeID=12950651&store=toys

240 https://www.amazon.de/review/R25ZZU8RDZEOYS/ref=cm_cr_dp_title?ie=UTF8&ASIN=B007G7ZB22&channel=detail-glance&nodeID=12950651&store=toys

241 https://www.amazon.de/review/R2DFQIJ098UG5G/ref=cm_cr_dp_title?ie=UTF8&ASIN=B007G7ZB22&channel=detail-glance&nodeID=12950651&store=toys

242 https://www.amazon.de/gp/customer-reviews/R2CF6POHHLI5B/ref=cm_cr_arp_d_rvw_ttl?ie=UTF8&ASIN=B007G7ZB22

243 https://www.amazon.de/gp/customer-reviews/R1ROM39GT4HLRX/ref=cm_cr_getr_d_rvw_ttl?ie=UTF8&ASIN=B007G7ZB22

244 https://www.amazon.de/gp/customer-reviews/R1I072H4DD49GL/ref=cm_cr_arp_d_rvw_ttl?ie=UTF8&ASIN=B00G343NUG

245 https://www.amazon.de/gp/customer-reviews/R262DR1FNZZM36/ref=cm_cr_arp_d_rvw_ttl?ie=UTF8&ASIN=B00G343NUG

246 https://www.amazon.de/gp/customer-reviews/RWA68LPL76XFM/ref=cm_cr_arp_d_rvw_ttl?ie=UTF8&ASIN=B00G343NUG

247 https://www.amazon.de/gp/customer-reviews/RSJUAN1FZ7D36/ref=cm_cr_arp_d_rvw_ttl?ie=UTF8&ASIN=B00G343NUG

248 https://www.amazon.de/gp/customer-reviews/R127VKNU24DU8V/ref=cm_cr_getr_d_rvw_ttl?ie=UTF8&ASIN=B00G343NUG

249 https://www.amazon.de/gp/customer-reviews/RH2885E3KS1DY/ref=cm_cr_arp_d_rvw_ttl?ie=UTF8&ASIN=B00G343NUG

250 https://www.amazon.de/review/RIXJ81DGO4GC7/ref=cm_cr_dp_title?ie=UTF8&ASIN=B00JAXDDGQ&channel=detail-glance&nodeID=12950651&store=toys

251 https://www.amazon.de/gp/customer-reviews/R1DI6NJG3PD6T/ref=cm_cr_getr_d_rvw_ttl?ie=UTF8&ASIN=B00JAXDDGQ

252 https://www.amazon.de/gp/customer-reviews/R15C2KMEG0XNSI/ref=cm_cr_getr_d_rvw_ttl?ie=UTF8&ASIN=B00JAXDDGQ

253 https://www.amazon.de/gp/customer-reviews/R13UMAQ0MRK2XB/ref=cm_cr_getr_d_rvw_ttl?ie=UTF8&ASIN=B00JAXDDGQ

254 https://www.amazon.de/gp/customer-reviews/RG41ZPR4DFZA0/ref=cm_cr_getr_d_rvw_ttl?ie=UTF8&ASIN=B00JAXDDGQ

255 https://www.amazon.de/gp/customer-reviews/R17WWQ3C8C3F1A/ref=cm_cr_getr_d_rvw_ttl?ie=UTF8&ASIN=B00JAXDDGQ

256 https://www.amazon.de/review/R1ANPEJSNSR4VU/ref=cm_cr_dp_title?ie=UTF8&ASIN=B00JAXDDGQ&channel=detail-glance&nodeID=12950651&store=toys

257 https://www.amazon.de/review/R38ML4ITKW6URD/ref=cm_cr_dp_title?ie=UTF8&ASIN=B00JAXDDGQ&channel=detail-glance&nodeID=12950651&store=toys

258 https://www.amazon.de/review/R9TGF8SSZ30B/ref=cm_cr_dp_title?ie=UTF8&ASIN=B00JAXDDGQ&channel=detail-glance&nodeID=12950651&store=toys

259 https://www.amazon.de/gp/customer-reviews/R3UJMQYEMCFIZC/ref=cm_cr_getr_d_rvw_ttl?ie=UTF8&ASIN=B00JAXDDGQ

260 https://www.amazon.de/gp/customer-reviews/R1K0YAEII2F9F9/ref=cm_cr_arp_d_rvw_ttl?ie=UTF8&ASIN=B004U7VKFS

261 https://www.amazon.de/gp/customer-reviews/R275R1WBCXPEWB/ref=cm_cr_arp_d_rvw_ttl?ie=UTF8&ASIN=B004U7VKFS

262 https://www.amazon.de/gp/customer-reviews/R1GK1AWGLSXBPP/ref=cm_cr_arp_d_rvw_ttl?ie=UTF8&ASIN=B004U7VKFS

263 https://www.amazon.de/gp/customer-reviews/R7VAHDILBEJ5J/ref=cm_cr_arp_d_rvw_ttl?ie=UTF8&ASIN=B004U7VKFS

264 https://www.amazon.de/gp/customer-reviews/R90SQMX228V51/ref=cm_cr_arp_d_rvw_ttl?ie=UTF8&ASIN=B004U7VKFS

265 https://www.amazon.de/gp/customer-reviews/RJUUJIQ4ZYJ52/ref=cm_cr_getr_d_rvw_ttl?ie=UTF8&ASIN=B002KGINMO

266 https://www.amazon.de/gp/customer-reviews/R1O0NNXK1VK936/ref=cm_cr_getr_d_rvw_ttl?ie=UTF8&ASIN=B002KGINMO

267 https://www.amazon.de/gp/customer-reviews/R2G35TWPO690IA/ref=cm_cr_arp_d_rvw_ttl?ie=UTF8&ASIN=B002KGINMO

268 https://www.amazon.de/review/R1E7NXTC3AUKDH/ref=cm_cr_dp_title?ie=UTF8&ASIN=B002KGINMO&channel=detail-glance&nodeID=12950651&store=toys

269 https://www.amazon.de/gp/customer-reviews/R2BIPKVMADWIGI/ref=cm_cr_arp_d_rvw_ttl?ie=UTF8&ASIN=B007VCOOPM

270 https://www.amazon.de/gp/customer-reviews/R1QR6ET8SVCVYU/ref=cm_cr_arp_d_rvw_ttl?ie=UTF8&ASIN=B007VCOOPM

271 https://www.amazon.de/gp/customer-reviews/R2LNNRUWEUT780/ref=cm_cr_arp_d_rvw_ttl?ie=UTF8&ASIN=B007VCOOPM

272 https://www.amazon.de/gp/customer-reviews/R3RO1W52CQ0IHG/ref=cm_cr_getr_d_rvw_ttl?ie=UTF8&ASIN=B007VCOOPM

273 https://www.amazon.de/gp/customer-reviews/R38EFJU71LH9N9/ref=cm_cr_getr_d_rvw_ttl?ie=UTF8&ASIN=B007VCOOPM

274 https://www.amazon.de/gp/customer-reviews/RYQVOZLR7JDO1/ref=cm_cr_arp_d_rvw_ttl?ie=UTF8&ASIN=B006W0710Y

275 https://www.amazon.de/gp/customer-reviews/R3LAIHKEB98ML0/ref=cm_cr_arp_d_rvw_ttl?ie=UTF8&ASIN=B006W0710Y

276 https://www.amazon.de/gp/customer-reviews/R3MQ9TI4S2XWEV/ref=cm_cr_arp_d_rvw_ttl?ie=UTF8&ASIN=B006W0710Y

277 https://www.amazon.de/review/R2D6V3Z754Y0C7/ref=cm_cr_dp_title?ie=UTF8&ASIN=B006W0710Y&channel=detail-glance&nodeID=3167641&store=kitchen

278 https://www.amazon.de/gp/customer-reviews/RN15N21DWVKGA/ref=cm_cr_arp_d_rvw_ttl?ie=UTF8&ASIN=B006W0710Y

279 https://www.amazon.de/review/R2MF21XXZ1QCZN/ref=cm_cr_dp_title?ie=UTF8&ASIN=B006W0710Y&channel=detail-glance&nodeID=3167641&store=kitchen

280 https://www.amazon.de/review/R368DEA8W3D8F6/ref=cm_cr_dp_title?ie=UTF8&ASIN=B006W0710Y&channel=detail-glance&nodeID=3167641&store=kitchen

281 https://www.amazon.de/gp/customer-reviews/RLF1LF5EDWZFF/ref=cm_cr_getr_d_rvw_ttl?ie=UTF8&ASIN=B006W0710Y

282 https://www.amazon.de/review/R28NXDPZBXBSXX/ref=cm_cr_dp_title?ie=UTF8&ASIN=B008HOBZV4&channel=detail-glance&nodeID=3167641&store=kitchen

283 https://www.amazon.de/review/R2K7C29FRB5HD0/ref=cm_cr_dp_title?ie=UTF8&ASIN=B008HOBZV4&channel=detail-glance&nodeID=3167641&store=kitchen

284 https://www.amazon.de/review/R32A4J0ALDMAJO/ref=cm_cr_dp_title?ie=UTF8&ASIN=B008HOBZV4&channel=detail-glance&nodeID=3167641&store=kitchen

285 https://www.amazon.com/gp/customer-reviews/RIAKKRD4H8UJ0/ref=cm_cr_getr_d_rvw_ttl?ie=UTF8&ASIN=B0089KZPNU

286 https://www.amazon.com/gp/customer-reviews/R1XLXD4E84IEL6/ref=cm_cr_getr_d_rvw_ttl?ie=UTF8&ASIN=B0089KZPNU

287 https://www.amazon.com/gp/customer-reviews/R3C26VMK1ZEC0L/ref=cm_cr_getr_d_rvw_ttl?ie=UTF8&ASIN=B0089KZPNU

288 https://www.amazon.com/gp/customer-reviews/R2QM3DHYYP0KGN/ref=cm_cr_getr_d_rvw_ttl?ie=UTF8&ASIN=B0089KZPNU

289 https://www.amazon.com/forum/-/Tx3E3HU895GMR4J/ref=ask_dp_dpmw_al_hza?asin=B000FVUKKO

290 https://www.amazon.com/review/R18FD5QUF4TH1B/ref=cm_cr_dp_title?ie=UTF8&ASIN=B000FVUKKO&channel=detail-glance&nodeID=&store=miscellaneous

291 https://www.amazon.com/gp/customer-reviews/R2IV5343EUXYHZ/ref=cm_cr_getr_d_rvw_ttl?ie=UTF8&ASIN=B000FVUKKO

292 https://www.amazon.com/gp/customer-reviews/R2T6V5VAYDEFDI/ref=cm_cr_getr_d_rvw_ttl?ie=UTF8&ASIN=B000FVUKKO

293 https://www.amazon.com/gp/customer-reviews/R1M3M5NTXMTHAT/ref=cm_cr_arp_d_rvw_ttl?ie=UTF8&ASIN=B000FVUKKO

294 https://www.amazon.com/review/RPGE6138VWW5S/ref=cm_cr_dp_title?ie=UTF8&ASIN=B000FVUKKO&channel=detail-glance&nodeID=&store=miscellaneous

295 https://www.amazon.com/gp/customer-reviews/R27MC8QV3JJOTO/ref=cm_cr_getr_d_rvw_ttl?ie=UTF8&ASIN=B000FVUKKO

296 https://www.amazon.com/gp/customer-reviews/R2IQ4XBSBWW19D/ref=cm_cr_getr_d_rvw_ttl?ie=UTF8&ASIN=B000FVUKKO

297 https://www.amazon.com/review/R3NKM8Y3RBNVF4/ref=cm_cr_dp_title?ie=UTF8&ASIN=B000FVUKKO&channel=detail-glance&nodeID=&store=miscellaneous

298 https://www.amazon.com/gp/customer-reviews/R2IA9UJ4OK5NOK/ref=cm_cr_getr_d_rvw_ttl?ie=UTF8&ASIN=B000FVUKKO

299 https://www.amazon.com/gp/customer-reviews/R2Z567KAAGXBSS/ref=cm_cr_dp_d_rvw_ttl?ie=UTF8&ASIN=B000796XXM

300 https://www.amazon.com/gp/customer-reviews/R2VGGDPI0DK9DZ/ref=cm_cr_getr_d_rvw_ttl?ie=UTF8&ASIN=B000796XXM

301 https://www.amazon.com/gp/customer-reviews/R2OPMTT0KG16CU/ref=cm_cr_getr_d_rvw_ttl?ie=UTF8&ASIN=B000796XXM

302 https://www.amazon.com/gp/customer-reviews/RJ0QK8RWC0H6L/ref=cm_cr_dp_d_rvw_ttl?ie=UTF8&ASIN=B000796XXM

303 https://www.amazon.com/gp/customer-reviews/R33HG779GMWPKT/ref=cm_cr_getr_d_rvw_ttl?ie=UTF8&ASIN=B000796XXM

304 https://www.amazon.com/gp/customer-reviews/R3JUIEGFUTUWMI/ref=cm_cr_dp_d_rvw_ttl?ie=UTF8&ASIN=B000796XXM

305 https://www.amazon.com/gp/customer-reviews/R2RZROUNX3ICLY/ref=cm_cr_dp_d_rvw_ttl?ie=UTF8&ASIN=B000796XXM

306 https://www.amazon.com/gp/customer-reviews/R26MIM2M1LHHFN/ref=cm_cr_arp_d_rvw_ttl?ie=UTF8&ASIN=B000796XXM

307 https://www.amazon.com/gp/customer-reviews/R1WD83OLV5ELGP/ref=cm_cr_getr_d_rvw_ttl?ie=UTF8&ASIN=B000796XXM

308 https://www.amazon.com/gp/customer-reviews/R1I4F4UTMJEDXG/ref=cm_cr_arp_d_rvw_ttl?ie=UTF8&ASIN=B000796XXM

309 https://www.amazon.com/gp/customer-reviews/R1OGUE8RIIVRZ6/ref=cm_cr_getr_d_rvw_ttl?ie=UTF8&ASIN=B000796XXM

310 https://www.amazon.com/gp/customer-reviews/R1SW032N54Y1CB/ref=cm_cr_getr_d_rvw_ttl?ie=UTF8&ASIN=B002HJ377A

311 https://www.amazon.com/gp/customer-reviews/R1PFZB9UPJW7FI/ref=cm_cr_getr_d_rvw_ttl?ie=UTF8&ASIN=B002HJ377A

312 https://www.amazon.com/gp/customer-reviews/RTDSC3LSWDNEM/ref=cm_cr_getr_d_rvw_ttl?ie=UTF8&ASIN=B002HJ377A

313 https://www.amazon.com/gp/customer-reviews/R25HTDOU0EBNDF/ref=cm_cr_getr_d_rvw_ttl?ie=UTF8&ASIN=B002HJ377A

314 https://www.amazon.com/gp/customer-reviews/R259O2HOMJ25WQ/ref=cm_cr_getr_d_rvw_ttl?ie=UTF8&ASIN=B002HJ377A

315 https://www.amazon.com/gp/customer-reviews/R1CJXIJMQZRWDN/ref=cm_cr_getr_d_rvw_ttl?ie=UTF8&ASIN=B002HJ377A

316 https://www.amazon.com/gp/customer-reviews/R221SHLWNWCNI6/ref=cm_cr_getr_d_rvw_ttl?ie=UTF8&ASIN=B002HJ377A

317 https://www.amazon.com/gp/customer-reviews/R5H3CTFENM920/ref=cm_cr_getr_d_rvw_ttl?ie=UTF8&ASIN=B002HJ377A

318 https://www.amazon.com/gp/customer-reviews/R177L1WR93N9VO/ref=cm_cr_getr_d_rvw_ttl?ie=UTF8&ASIN=B002HJ377A

319 https://www.amazon.com/gp/customer-reviews/R3HSOU3UYIDZ3U/ref=cm_cr_getr_d_rvw_ttl?ie=UTF8&ASIN=B002HJ377A

320 https://www.amazon.com/gp/customer-reviews/REK6FXKX4DQL0/ref=cm_cr_getr_d_rvw_ttl?ie=UTF8&ASIN=B002HJ377A

321 https://www.amazon.com/gp/customer-reviews/R16DWLI3AVB432/ref=cm_cr_getr_d_rvw_ttl?ie=UTF8&ASIN=B002HJ377A

322 https://www.amazon.com/gp/customer-reviews/R1AZ1MREX26UKV/ref=cm_cr_getr_d_rvw_ttl?ie=UTF8&ASIN=B002HJ377A

323 https://www.amazon.com/gp/customer-reviews/R1P133HR2REEKP/ref=cm_cr_getr_d_rvw_ttl?ie=UTF8&ASIN=B002HJ377A

324 https://www.amazon.de/review/R1IY4AJ6VUSDTZ/ref=cm_cr_dp_title?ie=UTF8&ASIN=B016Z3PO2E&channel=detail-glance&nodeID=3167641&store=kitchen

325 https://www.amazon.de/gp/customer-reviews/RTE8Z2EDQNN0/ref=cm_cr_getr_d_rvw_ttl?ie=UTF8&ASIN=B016Z3PO2E

326 https://www.amazon.de/gp/customer-reviews/R38O78MZPYFE0R/ref=cm_cr_getr_d_rvw_ttl?ie=UTF8&ASIN=B016Z3PO2E

327 https://www.amazon.de/gp/customer-reviews/R1H3FOMWNIAK51/ref=cm_cr_getr_d_rvw_ttl?ie=UTF8&ASIN=B016Z3PO2E

328 https://www.amazon.de/gp/customer-reviews/R2ZKTLJX27LQ74/ref=cm_cr_getr_d_rvw_ttl?ie=UTF8&ASIN=B016Z3PO2E

329 https://www.amazon.de/gp/customer-reviews/R245TWSYLM1PZ6/ref=cm_cr_getr_d_rvw_ttl?ie=UTF8&ASIN=B016Z3PO2E

330 https://www.amazon.de/gp/customer-reviews/R91V0CKCT460Q/ref=cm_cr_getr_d_rvw_ttl?ie=UTF8&ASIN=B016Z3PO2E

331 https://www.amazon.de/gp/customer-reviews/RWCPZQXLSNDV2/ref=cm_cr_getr_d_rvw_ttl?ie=UTF8&ASIN=B016Z3PO2E

332 https://www.amazon.com/review/R3SNTSII1C8R1X/ref=cm_cr_dp_title?ie=UTF8&ASIN=B007BISCT0&channel=detail-glance&nodeID=3760901&store=hpc

333 https://www.amazon.com/gp/customer-reviews/RD38VR9G75I5/ref=cm_cr_arp_d_rvw_ttl?ie=UTF8&ASIN=B007BISCT0

334 https://www.amazon.com/gp/customer-reviews/R2I4MFLFKCKO2U/ref=cm_cr_arp_d_rvw_ttl?ie=UTF8&ASIN=B007BISCT0